W0329750

CLV

Christliche Literatur-Verbreitung e. V.
Ravensberger Bleiche 6 · 33649 Bielefeld

Der Abenteuer-Fluss

Lois Walfrid Johnson

3 Befreiung um Mitternacht

Lois Walfrid Johnson

ist Autorin von 38 Büchern. Ihre Werke sind in zwölf Sprachen übersetzt worden und haben viele Preise gewonnen. Doch für Lois ist das Wissen, dass die Leser ihre Bücher mögen, die schönste Auszeichnung. Lois und ihr Mann Roy leben in Minnesota, USA, und haben drei verheiratete Kinder. Um mehr über Lois und ihre Bücher zu erfahren, besuche ihre Website www.lwjbooks.com.

1. Auflage 2016

Originaltitel:
Midnight Rescue / The Freedom Seekers # 3

Moody Publishers
820 N. LaSalle Boulevard
Chicago, IL 60610
USA

by CLV · Christliche Literatur-Verbreitung
Ravensberger Bleiche 6 · 33649 Bielefeld
Internet: www.clv.de

Übersetzung: Franziska Sägesser
Satz: EDV- und Typoservice Dörwald, Steinhagen
Umschlag: typtop, Andreas Fett, Meinerzhagen
Druck und Bindung: GGP Media GmbH, Pößneck

Bestell-Nr. 256173
ISBN 978-3-86699-173-6

Euch allen, die ihr gerne lest:
Herzlichen Dank, dass ihr
durch Bücher meine Freunde seid!

Der obere
Mississippi
1857
MINNESOTA
WISCONSIN
IOWA
ILLINOIS
MISSOURI
KENTUCKY
Michigansee
Osceola
Stillwater
Hudson
Minneapolis
St. Paul
Hastings
Prescott
Red Wing
Lake Pepin
Reads Landing
Wabasha
Alma
Winona
La Crosse
La Crescent
St. Croix R.
Minnesota R.
Chippewa R.
Black R.
Wisconsin R.
Mc Gregor
Prairie du Chien
Guttenberg
Cassville
Galena R.
Dubuque
Dunleith (E. Dubuque)
Galena
Bellevue
Savanna
Clinton
Chicago
Cedar R.
Iowa R.
Le Claire
Rock R.
Davenport
Moline
Rock Island
Muscatine
Skunk R.
Des Moines R.
Burlington
Salem
Denmark
Gulfport
Fort Madison
Nauvoo
Keokuk
Illinois R.
Quincy
Hannibal
N
NW
NE
W
E
SW
SE
S
Grafton
Alton
Missouri R.
St. Louis
Kaskaskia R.
Osage R.
Chester
Ohio R.
Cape Girardeau
Commerce
Cairo
0
100
200
Kilometer

Inhalt

Der Raddampfer Christina

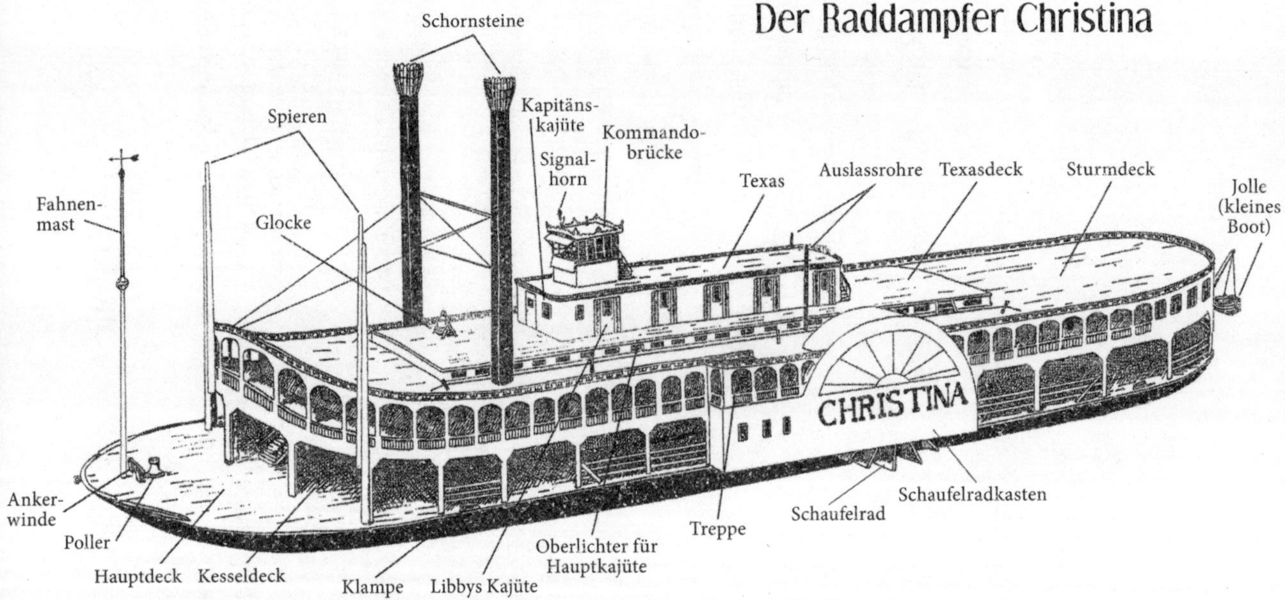

Major David McKee, Benjamin Franklin Pearson, Dr. Edwin James, der entlaufene Sklave Dick, Dr. William Salter, der Gouverneur und Senator James Wilson Grimes sowie Colonel David Moore sind historische Figuren, die in den 1850er-Jahren gelebt haben. Die zahlreichen Ausbrüche aus dem Gefängnis des Minnesota-Territoriums sind ebenfalls wirklich passiert. Sam McGrady und alle anderen Figuren sind jedoch erfunden, und jegliche Ähnlichkeit mit lebenden oder verstorbenen Personen ist rein zufällig.

Im Jahr 1857 wurden die Ureinwohner Amerikas im Gebiet von Stillwater, Minnesota, *Sioux* und *Chippewa* genannt. Heute werden die Sioux lieber *Dakota* genannt, und viele Chippewa gebrauchen wieder den Namen *Ojibwa*.

Klippediklopp!

Als sie das Pfeifsignal hörte, wurde Libby Norstad aufgeregt. Von einem Deck hoch oben auf der *Christina* blickte sie stromaufwärts. *Abenteuer! Genau das ist es. Auf Papas Dampfschiff zu leben, ist ein Abenteuer! Alle Jungen und Mädchen, die ich kenne, wären gerne an meiner Stelle.*

Libby hatte das Gefühl, dass bald etwas Besonderes geschehen würde, und wünschte sich, sie könnte das Schiff anfeuern. Dann erinnerte sie sich daran, wie sie den Mississippi hinauf bis ins Minnesota-Territorium von Gefahren verfolgt worden waren. Im Schutz der nächtlichen Dunkelheit waren sie aus Saint Paul entkommen. Würden sie auch jetzt noch von denselben Gefahren verfolgt werden?

Als die Sonne über dem östlichen Steilufer erschien, verwandelte sich Libbys Aufregung in Unbehagen. »Kann ein Abenteuer auch Schwierigkeiten mit sich bringen?«, fragte Libby Caleb Whitney, als dieser sich zu ihr an die Reling gesellte.

Caleb schnippte mit dem Finger. »Von einem Augenblick auf den anderen kann das passieren«, meinte er.

Mit seinen vierzehn Jahren war Caleb ein Jahr älter als Libby, doch nur wenige Zentimeter größer. Sein blondes Haar fiel ihm über die Stirn beinahe bis in die Augen. »Der nächste Halt ist Stillwater«, sagte er. »Der Ort wird dir gefallen.«

Genau in diesem Augenblick ertönte das Pfeifsignal der *Christina* erneut. Das lange und tiefe Signal unterbrach die Stille des frühen Morgens. Vom Ufer erklang die Stimme eines Mannes: »Dampfschiff in Sicht!«

Das Dorf Stillwater erwachte langsam zum Leben, und Leute jeder Größe und jeden Alters eilten zum Fluss. Jungen und Mädchen liefen um die Wette, um die beste Sicht auf den Dampfer zu haben. In kurzer Entfernung folgten Mütter und Väter mit Kleinkindern und Babys auf den Armen. Alle schienen von einem einzigen Gedanken getrieben zu sein – das Flussufer zu erreichen, bevor das Dampfschiff anlegte.

Bald befand sich nur noch ein schmaler Streifen Wasser zwischen der *Christina* und dem Ufer. Die Menschenmenge wuchs weiter, wobei sich die Leute in den hinteren Reihen hin und her bewegten, um möglichst alles sehen zu können.

Als ein kleiner Junge vom Ufer aus etwas rief, winkten Libby und Caleb ihm zu. Kurz darauf stellte der Junge eine Frage: »Wohnt ihr auf dem Schiff?«

Caleb grinste zu ihm hinunter. Offensichtlich genoss er die Neugier des Kindes. »Ich bin ein Schiffsjunge«, rief er zurück. »Libbys Vater ist der Kapitän.«

»Woher kommt ihr?«, rief ein Mädchen.

»Von Saint Louis, das ist weit weg. Dort ist es Frühling. Warum habt ihr hier nicht Frühling?«

Die Erwachsenen in der Menge lachten. Obwohl es die zweite Maiwoche im Jahr 1857 war, war die Luft immer noch kalt. Alle wussten, dass das Minnesota-Territorium einen der schwersten Winter der Geschichte hinter sich hatte.

»Was habt ihr geladen?«, rief ein Mann.

»Kochherde, Nähmaschinen und Stoff, damit Ihre

Damen Kleider nähen können«, antwortete Caleb. »Beile, Sägen und Pflüge für Sie.«

»Und Süßigkeiten?«, wollte ein kleiner Junge wissen.

»Jepp. Bestimmt auch deine Lieblingssüßigkeiten.«

Als die Deckhelfer die Taue auswarfen, fingen hilfsbereite Leute am Ufer sie auf und hielten sie fest. Bald darauf wurde die Anlegeplanke heruntergelassen, und die Deckhelfer liefen an Land, um die Taue an Pfosten zu befestigen.

Genau in diesem Augenblick hörte Libby das *Klippediklopp* von sich nähernden Pferdehufen. Kurz darauf bog ein Gespann mit einem Wagen um ein Gebäude in der Nähe des Flussufers. Ein großer blonder Junge saß auf dem hohen Wagensitz. Als seine Pferde eine freie Stelle erreichten, rief er: »Brrrr!« Dann stand er auf, sprang mit einem Satz auf den Boden und befestigte einen Führstrick an einem dafür vorgesehenen Geländer.

Als der Junge den hinteren Teil der Menschenmenge erreichte, hob er beide Arme und winkte. »Hey Caleb!«, rief er. »Hier drüben!«

Im nächsten Augenblick erspähte Caleb ihn. »Hallo Nate! Warte auf mich! Ich bin gleich unten!«

Nun wandte Caleb sich an Libby. »Ich traf Nate, als ich das letzte Mal in Stillwater war. Willst du mitkommen? Er wird uns die Gegend zeigen.«

Ohne Libbys Antwort abzuwarten, ging Caleb zur Treppe. »Hilf mir, Jordan zu finden, damit er uns begleiten kann.«

Erst vor Kurzem war Jordan Parker seinem Meister, einem grausamen Sklavenhändler namens Riggs, entkommen. Wie Caleb arbeitete Jordan nun als Schiffsjunge für Libbys Vater. Wegen all der Dinge, die sich auf ihrer Reise den Mississippi hinauf ereignet hatten, war Jordan auf dem ganzen Schiff bekannt geworden.

Caleb wandte sich erneut an Libby. »Es ist hier so sicher für ihn wie überall außerhalb von Kanada.«

Libby verstand Calebs indirekte Warnung. »Also nicht sehr sicher«, bemerkte sie.

»Genau.« Calebs ehrlicher Blick traf sich mit ihrem. »Wir dürfen die Gesetze über flüchtige Sklaven nie vergessen. Wo auch immer wir hingehen, könnte es Menschen geben, die nicht wollen, dass Jordan frei ist. Solange auch nur ein Mensch so denkt, wird Jordan in Gefahr sein.«

Nachdem sie kurz das Kesseldeck abgesucht hatten, folgte Libby Caleb eine weitere Treppe hinunter. Es waren mehrere Gesetze über flüchtige Sklaven verabschiedet worden. Als ein Teil des Kompromisses von 1850 hatte der Kongress die Rechte der Sklavenbesitzer gestärkt, flüchtige Sklaven zu jagen und zu fangen – sogar in den freien Staaten im Norden der USA. Sklavenbesitzer stellten oft Fänger – raue, grausame Männer – an, um die entlaufenen Sklaven zurückzubringen.

Auf dem Hauptdeck bog Caleb in den großen offenen Frachtraum ab. Während sie sich zwischen Kisten und Fässern einen Weg bahnten, fragte Libby: »Was passiert eigentlich, wenn die falsche Person herausfindet, dass Jordan ein flüchtiger Sklave ist?«

»Pssst!« Es befanden sich nur Besatzungsmitglieder hier, doch Caleb blickte unauffällig in alle Richtungen, um sich zu vergewissern, dass sie von niemandem belauscht wurden. »Es wird immer Menschen geben, welche die große Belohnung, die auf Jordan ausgesetzt ist, haben wollen. Aber er kann nicht pausenlos in Angst leben.«

Als Caleb an einer Öffnung, die zu einem geheimen Versteck führte, vorbeiging, blickte er nicht einmal in Richtung des Verstecks. »Wir dürfen es nicht zulassen, dass Jordan jetzt gestoppt wird. Er hat einen perfekten Plan geschmiedet, um seine Familie zu befreien.«

»Einen sicheren Plan?«, hakte Libby nach.

»So sicher, wie so etwas Gefährliches nur sein kann.«

»Kann ich mitkommen?«, fragte Libby. Mit jeder Faser ihres Seins wollte sie Jordans Familie helfen, zu entkommen und frei zu sein.

»Vielleicht«, meinte Caleb.

Libbys Herz machte einen Sprung. *Caleb hat »Vielleicht« gesagt.* Seit er neun Jahre alt war, arbeitete er bei der »Untergrundbahn«, einem geheimen Netzwerk mit dem Ziel, Sklaven zu helfen, in die Freiheit zu gelangen. Bisher hatte Caleb immer »Nein« gesagt, wenn Libby gefragt hatte, ob sie bei den Befreiungsaktionen mitmachen könnte. Wenn er nun *»Vielleicht«* sagte, hieß dies möglicherweise *»Ja«*!

Doch dann sagte Caleb ihr: »Es hängt von Jordan ab, ob du mitkommen kannst oder nicht. Es wird eine schwierige Reise. Niemand darf irgendetwas davon erfahren.«

Libby hob den Kopf und warf ihre langen roten Haare nach hinten. *Wenn das so ist, dann werde ich ihnen beweisen, dass ich helfen kann, Jordans Familie zu befreien. Und ich beginne damit, indem ich Caleb und*

Jordan zeige, dass ich ein Geheimnis für mich behalten kann.

Als Libby und Caleb durch eine weitere Tür gingen, fanden sie Jordan im Maschinenraum. Der entlaufene Sklave war groß und stark und fünfzehn oder sechzehn Jahre alt.

Libby, Caleb und Jordan eilten nach draußen und die Anlegeplanke hinunter. Am Flussufer standen viele Leute, die einander begrüßten, als wären sie jahrelang voneinander getrennt gewesen.

Neben Libby sprang ein kleines Mädchen seinem Vater in die Arme. Ein älterer Mann gab jemandem die Hand, der wahrscheinlich geschäftlich unterwegs gewesen war. Eine junge Frau blickte einem hübschen jungen Mann in die Augen. Als er zu ihr hinunterlächelte, kam eine schmerzhafte Erinnerung in Libby hoch. *Genauso hat Papa immer Mama angeschaut.*

Libby schob den Gedanken beiseite, da sie nicht wollte, dass Sehnsucht nach ihrer Mutter ihr diesen sonnigen Tag verdarb. In den ersten vier Jahren nach dem Tod ihrer Mutter hatte Libby in Chicago bei ihrer Tante gelebt. Nun war Libby froh, dass sie wieder bei ihrem Papa sein konnte.

Bald erreichten Libby und die Jungen Nate, der neben seinem Wagen stand und auf sie wartete. Als Caleb Libby und Jordan vorstellte, wurde Nate auf Libbys Familiennamen aufmerksam. »Dein Papa ist der Kapitän?«, fragte er. »Ich hab eure Schiffsglocke schon auf unserer Farm gehört.«

Er wandte sich an Caleb. »Ich wusste sofort, dass ihr wieder zurück seid.«

»Am Klang der Glocke?« Libby war erfreut.

»Jepp. Klar und tief. Eure Glocke gefällt mir echt. Eine der besten auf dem Fluss.«

Nate hätte kaum etwas Netteres sagen können. Libby war schon seit jeher stolz auf die Schiffsglocke der *Christina*. Schon mehrmals hatte ihr Vater ihr erzählt, wie die Glocke gemacht worden war. Als sie gegossen wurde, warfen die Hersteller Silberdollar in die Bronze, um einen silbernen Klang zu erzielen.

»Papa hat mich geschickt, um den Pflug abzuholen, den wir beim Gemischtwarenhändler bestellt haben«, erklärte Nate. »Wir haben noch Zeit, bevor er ausgeladen wird, nicht wahr?«

Caleb nickte. »Die Fracht aus Saint Louis ist ganz unten im Rumpf.«

»Habt ihr Lust auf eine kleine Rundfahrt?« Nate grinste. »Von allen Leuten aus Stillwater bin ich der beste Führer! Ich zeige euch die besten Plätze im ganzen Saint-Croix-Tal.«

Der Saint Croix River floss zwischen dem Minnesota-Territorium und dem Staat Wisconsin. Das Dorf Stillwater befand sich an der Flussverbreiterung, die Lake Saint Croix genannt wurde.

Als Nate nach vorne ging, um den Führstrick zu lösen, ging er um die Pferde herum und sprach mit ihnen, während er ihr Geschirr überprüfte. Dann kletterten Nate und Jordan auf den einzigen Sitz, und Caleb half Libby in den hinteren Teil des Wagens.

Wegen der großen Räder befand sich der hintere Teil des Wagens nur etwa einen Meter über dem Boden. Statt sich hinzusetzen, standen Libby und Caleb hinter

Nate und Jordan, um über die hohen Seitenwände des Wagens blicken zu können.

»Hü!«, rief Nate Tom und Bob zu, woraufhin die beiden Pferde sich in Bewegung setzten.

Nicht weit vom Ufer entfernt bog Nate in eine Straße mit hohen Holzgebäuden ein. Caleb blickte einen steilen Hügel zu ihrer Linken hinauf.

»Da ist Nelson's Grade!«, rief er aus. »Da hast du mich schon mal hinaufgeführt. Willst du wieder dorthin?«

Nate schüttelte den Kopf. »Es hat dort neulich einen schlimmen Unfall gegeben. Ich zeige euch die Aussicht von einem besseren Hügel aus.«

Als die Pferde auf der unbefestigten, schlammbedeckten Hauptstraße großen Löchern auswichen, rumpelte der Wagen und sprang in den tiefen Furchen auf und ab. Libby hielt sich an der hohen Seitenwand fest.

»Lebst du schon lange hier?«, fragte sie Nate.

»Mein ganzes Leben lang.«

»Dann kennst du diese Hügel bestimmt gut«, meinte Libby.

»Jepp. 's gibt hier viele Höhlen. Sogar im Steilhang um Battle Hollow gibt's viele Höhlen.«

»Was ist Battle Hollow?« Libby war neugierig.

»Ich zeig's euch. Es ist eine ausgehöhlte Stelle mit steilen Felswänden. Eine große Schlacht zwischen den Sioux- und den Chippewa-Indianern hat dort stattgefunden. Und nun ist das Gefängnis des Minnesota-Territoriums dort.«

Schon bald bog Nate nach links auf eine Straße, die leicht anstieg. Einen Häuserblock weiter bogen die

Pferde erneut ab, woraufhin der Wagen bedenklich in Schieflage geriet. Als sich Tom und Bob ins Geschirr lehnten, stellte Libby sich breitbeinig hin, um nicht umzufallen.

Die Straße vor ihnen war lang und steil, links neben ihr erhob sich eine nahezu senkrechte Felswand. Auf der rechten Seite fiel der Boden steil ab. Nur ein paar große Felsblöcke befanden sich zwischen dem Straßenrand und dem Abgrund. Da die meisten Bäume am Hang gefällt worden waren, hatte Libby freie Sicht nach unten.

Je höher sie fuhren, desto weiter entfernten sie sich vom Fuß des Steilhangs. Fünfundzwanzig Meter? Dreißig Meter? Libby war sich nicht sicher. Sie wusste nur, dass ihr allein schon der Blick nach unten Angst einjagte.

Erneut stellte sich Libby breitbeinig hin und hielt sich krampfhaft an der Seitenwand fest. Zu ihrer Erleichterung waren die Seitenwände hoch, sodass sie außergewöhnlich gut geschützt war. Doch die Jungen schienen Libbys Bedenken nicht zu teilen. Sie konnte nur hoffen, dass Caleb nicht bemerkte, wie groß ihre Angst war.

Ich wusste gar nicht, dass ich nicht schwindelfrei bin, dachte Libby. *Ich bin froh, dass wir nach oben fahren und nicht hinunter.* Doch dann kam ihr ein Gedanke: *Was hochgeht, muss auch wieder herunterkommen.*

Sie versuchte, nicht an den steilen Abhang zu denken, und stellte darum Nate ein paar Fragen über das Gefängnis.

»Das Baumaterial kommt aus einem Steinbruch hier in Stillwater«, erklärte Nate stolz. »Doch das Problem ist, dass die Gefangenen nicht sicher eingesperrt sind.

Allein im letzten Jahr sind acht von ihnen ausgebrochen.«

»Acht?«, fragte Jordan und dachte dabei an sein eigenes Entkommen. »Wie sind se rausgekommen?«

»Es is' überhaupt nicht schwierig«, sagte Nate. »Ein Gefangener ist mit einem Brecheisen durch den Boden in einem Saal geflohen. Ein anderer hat die Tür einer Zelle aus den Angeln gehoben. Und noch ein anderer hat Einbruchswerkzeug benutzt.«

»Hineingeschmuggelt, nehme ich an«, kommentierte Caleb.

Nates Augen funkelten vergnügt. »Ein anderer Gefangener hat die Eisenstangen des Fensters durchgesägt. Und einer hat die Schlösser seiner Ketten mit einem Dietrich aufbekommen. Jemand anders hat ein Loch durch die Außenmauer gebuddelt.«

»Da läuft echt was schief«, sagte Caleb.

Nate grinste. »Wenn du mich fragst, lassen die Wärter sie einfach laufen.«

»Im Ernst?«, fragte Libby. »Warum würde jemand, der Häftlinge gefangen halten sollte, sie einfach laufen lassen?«

Nate zuckte mit den Schultern. »Einige Countys zahlen kein Geld fürs Essen der Gefangenen. Es ist sogar schon eine Frau ausgebrochen.«

»Ach was!«, sagte Libby. Sie war sich nicht sicher, ob sie das glauben sollte.

Nate hielt seine rechte Hand nach oben. »Die ganze Wahrheit – und nichts als die Wahrheit. Es ist ein offenes Geheimnis, wer diese Häftlinge sind. Gerade letzte Woche habe ich einen gesehen.«

»Auf freiem Fuß?« Libby konnte sich überhaupt nicht mit dem Gedanken anfreunden, dass ein ausgebrochener Häftling in der Gegend war. Was würde geschehen, wenn einer von ihnen versuchte, an Bord der *Christina* zu gelangen?

Doch Nate schien keine solche Befürchtung zu haben. »Ich habe einen Häftling unten am Fluss gesehen. Die Hälfte seiner Haare war normal.«

Libbys Kichern klang nervöser, als ihr lieb war. »Was meinst du damit – die Hälfte seiner Haare?« Sie war sich sicher, dass Nate sie auf den Arm nahm. »Das erfindest du doch nur.«

»Das ist nicht komisch.« Nate schaute nun beleidigt drein. »Die Hälfte seiner Haare sah genauso wie meines aus – etwa gleich lang. Die andere Hälfte seines Kopfes war kahl geschoren.«

Libby konnte sich das nicht einmal vorstellen.

»Kein Fitzelchen Haar auf jener Seite«, sagte Nate. »Daran erkennt man einen Häftling.«

»Tragen sie Uniformen?«, fragte Caleb.

»Na jaaa …« Nate dachte nach. »Sie tragen alle dieselben Klamotten – graue Hosen, ein Hemd, eine Jacke und eine Mütze. Aber am besten erkennt man einen Häftling an seinem Haarschnitt.«

Libbys Knöchel waren inzwischen weiß vom Festklammern an der Seitenwand. Der steile Abhang am Rand der Klippe war nun so nah bei den Rädern, dass Libby nervös wurde. Wenn es nach ihr ginge, würde sie aus dem Wagen klettern und zu Fuß weitergehen.

Als die Straße endlich weniger steil wurde, war Libby erleichtert. Auf der Spitze der Klippe hielt Nate die Pferde an. Wenigstens in einem Punkt lag er richtig: Nirgendwo sonst hätten sie eine bessere Aussicht gehabt.

Libby blickte stromaufwärts und stromabwärts und beobachtete, wie die Sonnenstrahlen auf dem Wasser tanzten. Hier am oberen Ende des Lake Saint Croix trieben Baumstämme wie große Inseln im Fluss. Auf der gegenüberliegenden Seite des verbreiterten Flusses ragten die schönen Sandsteinklippen von Wisconsin in die Höhe.

Libby stockte der Atem vor so viel Schönheit. Weit unten eilten Männer die Anlegeplanke der *Christina* hinauf und hinunter und entluden Frachtgut. Zwischen dem Dampfschiff und Libby schmiegten sich Häuser an den steilen Hang.

Wie Libby beobachteten auch Caleb und Jordan den ausgedehnten Flussabschnitt vor ihnen. Es war nicht schwierig zu erraten, wonach sie suchten – nach einem Dampfschiff, das möglicherweise Neuigkeiten brachte, was die 200-Dollar-Belohnung betraf, die auf Jordan ausgesetzt war.

Augenblicke später, wie Libby es befürchtet hatte, streckte Caleb den Arm aus und zeigte flussabwärts. »Dampfschiff in Sicht«, sagte er.

Noch in weiter Ferne stiegen kleine schwarze Rauchschwaden aus zwei langen Schornsteinen auf. Es war zweifellos ein Dampfschiff. Welches? Und wer war an Bord? Menschen, die noch nie von Jordan gehört hatten? Oder seine Feinde?

Als Caleb und Jordan einander anschauten, wusste Libby genau, was sie dachten. Erst dann wurde ihr bewusst, wie sehr sie sich davor fürchtete, dass die falsche Person Jordan folgte, weil er ein flüchtiger Sklave war.

Nate fuhr ein Stück weiter und hielt die Pferde auf der Klippe hinter dem Gefängnis an. Auch hier befanden sich keine Bäume auf dem Hügel vor ihnen. Libby blickte hinunter über die Dächer der dreistöckigen Gebäude, die sich bis zum Fluss hinunter erstreckten.

Hinten und auf zwei Seiten bildete der Hügel eine natürliche Senke um das Gefängnis. Zu Libbys Linken war die Klippe ein nahezu senkrechter Fels. Direkt unter Libby und den Jungen neigte sich der Abhang stufenweise und weniger steil. Zwischen dem Fuß der Klippe und den Gebäuden befand sich eine vier Meter hohe Steinmauer.

Als Nate zum Wachthaus zeigte, durchbrach ein Scheppern die morgendliche Stille.

Was ist das? Libby starrte in die Senke hinunter und versuchte herauszufinden, woher das Geräusch kam. Im Gefängnishof schien sich nichts verändert zu haben.

Dann hörte Libby nochmals ein Scheppern – das Geräusch von Metall auf Metall. Diesmal bemerkte sie ein Rohrgeländer, das auf der Gefängnismauer verlief. Genau unter der Stelle, wo Libby stand, hing etwas am Rohr.

Libby starrte angestrengt nach unten und erkannte schließlich einen Haken. Auf der Innenseite der Gefängnismauer hing ein Seil am Haken. Noch während Libby zuschaute, spannte sich das Seil.

»Schau mal!«, flüsterte sie Caleb zu. Das Seil bewegte sich nun weg von der Mauer, wie wenn jemand hochkletterte. »Ein Häftling versucht zu entkommen!«

Im nächsten Augenblick griff eine Hand nach dem Seil – dort, wo es über der Mauer lag. Eine andere Hand ergriff das Rohr, und ein halb geschorener Kopf erschien.

Große Schwierigkeiten!

Während Libby und die Jungen zuschauten, zog sich ein Mann hoch und schwang ein Bein über die Mauer.

»Ich wette, der Gefängniswärter ist an den Fluss gegangen, um die *Christina* einlaufen zu sehen«, murmelte Nate.

Einen Augenblick lang balancierte der Häftling oben auf der Mauer. Schnell zog er das Seil nach oben, löste den Haken mit einem Ruck und ließ das Seil auf der Außenseite der Mauer hinunterfallen.

Libby lehnte sich nach vorne, um das Gesicht des Mannes besser sehen zu können. Doch genau in diesem Augenblick drehte sich der Häftling um. Als er sich mit beiden Händen am Rohr festhielt, sah Libby das Bündel auf seinem Rücken. Der Häftling schwang seine Beine frei und sprang auf den Boden des Hangs neben der Mauer herunter.

Als er das Seil aufnahm, schaute er sich um und dann die Klippe hinauf, wo Libby und die Jungen im Wagen warteten. Plötzlich wich der Mann zurück. Wie um sein Gesicht zu verbergen, duckte er sich. Er schlich an der Seite des Hangs entlang, indem er sich an Sträuchern und Gräsern festhielt.

»Wir müssen Hilfe holen!«, rief Caleb.

»Es ist eine schwierige Kletterei«, wandte Nate ein, als zweifelte er daran, dass der Mann entkommen konnte.

»An dieser Stelle ist der Hang flach genug, dass er

es schaffen kann«, erwiderte Caleb. »Er wird entkommen.«

»Nicht, wenn wir uns beeilen.« Auf der schmalen Straße drehte Nate die Pferde scharf, und der Wagen bewegte sich rückwärts. Sobald Tom und Bob vollständig gewendet hatten, schlug Nate ihnen mit den Zügeln auf die Rücken.

»Hü!«, schrie er. Nachdem die Pferde eine Kurve genommen hatten, wurden sie schneller. Schon bald erreichten sie das flache Stück auf der Spitze des langen steilen Hügels. Als Libby nach vorne schaute, bekam sie wieder Höhenangst.

Zu Libbys Rechten ragten Felsen in die Höhe. Zu Libbys Linken fiel der Weg scheinbar ins Bodenlose ab. Als sie an den schwindelerregenden Höhenunterschied dachte, wurde Libby übel. *Wenn nur das Geschirr hält. Wenn nur alles gut geht …*

Als sie den langen Hügel hinunterfuhren, zog Nate an den Zügeln. Als die Pferde in Schritttempo verfielen, war Libby erleichtert. Tom und Bob gruben ihre Hinterhufe tief in den Boden ein und hielten so das Gewicht des Wagens zurück.

Nate redete ihnen gut zu. »Gute Jungs. Ruhig – genau so.«

Libby atmete tief ein und schämte sich beinahe. *Meine Angst war ja völlig unbegründet.* Einen Augenblick lang blickte Libby zum Fluss und genoss die Aussicht beinahe.

Im nächsten Augenblick änderte sich jedoch alles. Als der steile Hügel das Geschirr beanspruchte, schlingerte der Wagen. Libby taumelte nach hinten. Sie hielt sich noch fester an der Seitenwand fest. Neben Libby bemühte sich Caleb um einen stabileren Stand und hielt sich ebenfalls fest.

Erneut schlingerte der Wagen. Plötzlich begannen die Pferde zu laufen.

»Brrr!«, rief Nate und zog die Zügel zurück. Doch Tom und Bob rannten nur noch schneller.

»Brrr!«, schrie Nate erneut.

Bob warf den Kopf hoch, und Libby sah die Panik in seinen Augen. Tom kämpfte gegen das Geschirr an und scherte nach rechts in Richtung des sich erhebenden Hügels aus. Dann zog Bob nach links, und der Wagen schwankte. Als die Pferde zu galoppieren begannen, schlug Libbys Herz wie wild. Die Pferde brannten durch!

»Brrr!« Nate lehnte sich zurück und zog an den Zügeln, doch nichts geschah. »Brrr!«, rief er wieder, doch die Räder drehten sich schneller und schneller.

Plötzlich griff auch Jordan nach den Zügeln. Mit vier Händen zogen Nate und er gemeinsam. Mit aller Kraft hielten sie sich fest. Doch die Pferde ließen sich nicht anhalten. Auf der schmalen Straße wippte der Wagen gefährlich auf und ab. Genau in diesem Augenblick sprang Jordan vom Sitz. Zu einer Kugel zusammengerollt traf er auf den Boden auf, rollte, stand auf und rannte den Pferden nach. Doch der Wagen schoss an Jordan vorbei, so nah, dass er beinahe vom Hinterrad überfahren wurde.

Voller Schreck starrte Libby über die hohe Seitenwand hinunter. Die Bretter, die wie ein Schutz gewirkt hatten, hinderten sie nun daran, abzuspringen.

Libby wirbelte herum. Beim Versuch, das offene Ende des Wagens zu erreichen, stolperte sie. Sie konnte in dem schiefen Wagen nicht gehen und fiel beinahe hin.

Mit wachsender Panik griff Libby wieder nach der Seitenwand. Als sie nach vorne schaute, scherte Tom erneut aus. Bob zog wieder nach links. Der Wagen wurde hin und her geschüttelt und geriet außer Kontrolle. Kurz darauf hielt der Wagen genau auf einen großen Fels am Rand des Steilhangs zu.

Neben Libby schrie Caleb: »Runter!«

Doch Libby war wie gelähmt und konnte nicht loslassen. Caleb ergriff ihren Arm und drückte sie auf den Wagenboden. »Bedecke deinen Kopf!«

Immer noch wie gelähmt vor Schreck hatte Libby nur Zeit für einen Gedanken. *Was wird Papa ohne mich tun?*

Im nächsten Augenblick wurde ihr Kopf von Armen zugedeckt. Der Wagen schlingerte und kippte schließlich um. Die Pferde wieherten laut, als der Wagen auf der Seite mitgeschleift wurde. Dann wurde der Wagen abrupt gestoppt. Der Aufprall war so heftig, dass das Holz zersplitterte.

Als sie die Pferde schnauben hörte, schauderte Libby. Ohne sich zu bewegen, versuchte sie herauszufinden, wo sie war. *Die steile Straße. Der Wagen. Die durchgebrannten Pferde.*

Dann kam ihr etwas in den Sinn. *Caleb hat gesagt, ich sollte mich bücken.*

Als Libby sich bewegte und aufzuschauen versuchte, sah sie, dass Calebs Arme ihren Kopf beschützten.

»Alles okay bei dir, Libby?«, fragte er. Langsam ging er in die Hocke.

Erneut bewegte sich Libby. *Alles okay bei mir?*, fragte sie sich.

Sie bewegte die Zehen. Ja, sie fühlte sie noch. Ihre Beine, Arme und Hände schienen zu funktionieren. Doch Libby konnte nicht klar denken. Warum kniete sie auf der Seitenwand statt auf der Unterseite des Wagens? Der Wagen war auch in einer komischen Schieflage.

Immer noch verwirrt blickte Libby in Calebs erschreckte Augen. »Bei *dir* alles okay?«, fragte sie.

Caleb nickte, doch als Libby sich bewegen wollte, hielt er sie zurück. »Wir sind am Rand des Steilhangs«, warnte er. »Wir werden nur von einem Felsen gehalten.«

»Von einem Felsen? Von einem großen Felsen?« Erneut wurde Libby durch ihre benommenen Gefühle hindurch von Furcht erfüllt.

»Die Pferde sind direkt darauf zugerannt«, sagte Caleb. »Bob rannte auf eine Seite und Tom auf die andere. Sie haben die Stange zerbrochen, und der Wagen wurde herumgeschleudert.«

»Über den Rand hinaus?« Libby brachte die Worte kaum über die Lippen.

Caleb nickte. »Beweg dich nicht«, warnte er erneut.

»Jordan?« fragte Libby, als sie zurückdachte. Jordan war abgesprungen und hatte versucht, die Pferde anzuhalten.

»Ich kann ihn nicht sehen«, sagte Caleb. »Ich traue mich nicht nachzuschauen.«

»Nate?« Libby stockte der Atem vor Angst. Sie erinnerte sich lebhaft an das Aussehen des steilen Abgrunds unter ihnen.

»Ich weiß nicht«, sagte Caleb.

Dann hörte Libby Jordans Stimme. »Bewegt euch nicht!«, warnte er wie Caleb.

Libby schaute sich um, möglichst ohne den Kopf zu bewegen. Diesmal verstand sie, was sie sah. Der Wagen lag auf der Seite. Der vordere Teil des Wagens lag auf dem Boden. Der hintere Teil hing jedoch in einem verrückten Winkel über dem Abgrund und konnte nur durch das offene Ende verlassen werden, das halb auf dieser und halb auf jener Seite des Abgrunds lag.

Durch die zerbrochenen vorderen Bretter konnte Libby Jordan ausmachen. »Wir müssen die Pferde losbinden, bevor sie alles kaputt reißen«, sagte er.

Jordan verschwand und Libby hörte, wie er sanft sprach, um die Pferde zu beruhigen. Durch das zersplitterte Holz hörte sie eine zweite Stimme. Dann sah sie Nate, der dabei war, die Pferde loszubinden. Tom stand auf einer Seite des großen Felsbrockens und Bob auf der anderen Seite, jeweils nur etwa einen Meter vom Abgrund entfernt.

»Nate ist auch abgesprungen?«, fragte Libby.

»Oder er ist abgeworfen worden«, meinte Caleb. »Ich weiß nicht, was von beidem. Ich habe nur an dich gedacht.«

»Und an meinen Kopf.« Libby versuchte zu lächeln, doch ihre Lippen fühlten sich steif an. »Danke, Caleb. Und *dein* Kopf ist auch in Ordnung?«

»Meinem Kopf geht's gut«, antwortete Caleb.

»Und dem Rest von dir?«, fragte Libby.

»Wir haben uns beide rechtzeitig gebückt. Die hohen Seitenwände haben uns geschützt.«

Sie warteten scheinbar eine Ewigkeit, ohne sich zu bewegen. Ab und zu hörten sie ein Wiehern, als wären die Pferde immer noch in Panik.

»Was ist passiert?«, fragte Libby schließlich. Sie sprach leise, als ob der Wagen sogar durch ein Geräusch instabil werden könnte.

»Etwas hat die Pferde erschreckt«, erklärte Caleb. »Was auch immer es war – ich wusste, dass Nate sie nicht anhalten konnte. Und wir konnten nicht raus.«

Es erstaunte Libby immer, wie schnell Caleb die Lage einschätzen konnte. »Dir war das alles klar, während die Pferde durchbrannten?«

Dann erinnerte Libby sich an ihr Vorhaben. »Der Mann, der über die Mauer geklettert ist. Der ausgebrochene Häftling ist jetzt bestimmt entkommen.«

»Leider ja«, antwortete Caleb.

»Er macht mir Angst«, gab Libby zu. »Er macht mir echt Angst.« Libby vergaß, wo sie war, und bewegte sich. Als sich der Wagen verschob, drehte sich ihr der Magen um. Doch der Wagen bewegte sich nicht weiter.

Nach schier endlosem Warten warf Jordan das eine Ende eines Führstricks in den Wagen. »Ihr müsst euch hier festhalten, damit wir euch raushelfen können.«

Caleb gab Libby das Seil. »Binde es dir um, unter deinen Armen.«

Mit zitternden Händen machte Libby einen Knoten. Als sie bereit war, meldete sich Jordan wieder.

»Mach langsam und nicht überstürzt«, mahnte er. »Ich und Nate das Seil halten, aber musst du rausklettern.«

»Du zuerst, Libby«, sagte Caleb. »Bleib auf Händen und Füßen.«

Sobald Libby sich bewegte, zogen Jordan und Nate das Seil nach. Als Libby über die Bretter kletterte, die einmal die Seitenwände gewesen waren, verfing sich ihr knöchellanger Rock an einem Holzsplitter. Nachdem Libby den Stoff befreit hatte, bewegte sie sich in die Öffnung. Dort warf sie einen Blick nach unten.

Nur einen halben Meter neben ihrem Knie fiel der Boden ins Nichts ab. Weit unten befanden sich Gebäude, die so winzig wie Spielzeughäuser aussahen.

Libbys Muskeln verkrampften sich. Um sich zu zwingen weiterzukriechen, setzte Libby ihre rechte Hand ab. Gleich hinter ihren Fingern zerbröselte die Erde und gab nach. Als sie weit unter sich Kieselsteine am Boden auftreffen hörte, wurde Libby erneut wie gelähmt.

»Geh weiter«, rief Jordan ihr zu. Das Seil spannte sich um sie an, doch Libby konnte ihre Hand nicht wegbewegen.

»Bring dein rechtes Knie nach vorn«, wies Caleb sie von hinten an. Doch für Libby fühlte es sich an, als ob das Seil sie zurückzog statt vorwärtszog.

Mit ruhiger und gefasster Stimme ergriff Caleb erneut das Wort. »Bring dein rechtes Knie nach vorn.«

Diesmal konnte Libby sich bewegen.

»Heb dein linkes Knie«, leitete Caleb sie an.

Erneut gehorchte Libby. Schritt für Schritt sagte Caleb ihr, was sie tun sollte.

»Geh weiter«, ermutigte Caleb sie immer, wenn sie zögerte. »Du hast es fast geschafft.«

Schließlich kroch Libby um das Vorderteil des Wagens, das auf festem Grund stand. Dort standen auch Jordan und Nate.

Sobald Libby das Seil gelöst hatte, gab Jordan es an Caleb weiter. Immer noch mit vor Angst weichen Knien sank Libby auf den sicheren Boden. Ihre Arme zitterten, und sie klapperte vor Aufregung mit den Zähnen.

Sobald Caleb meldete, er sei bereit, zogen Jordan und Nate das Seil straff. Breitbeinig abgestützt riefen sie Caleb zu: »Okay, komm!«

Durch die kaputten Holzstücke auf der Vorderseite des Wagens sah Libby Calebs Kopf. Sobald Caleb sich rührte, bewegte sich der Wagen. Jordan und Nate zogen fest am Seil und gingen dabei einige Schritte zurück.

Erneut kroch Caleb langsam vorwärts. Erneut bewegte sich der Wagen. Schmutz und kleine Steine rutschten unter den Brettern weg und rieselten den Abhang hinunter.

Libby sprang auf die Füße. Von Panik erfasst schrie sie laut: »Caleb!«

Caleb, der Freund

Weniger als ein halber Meter Erde blieb zwischen der Vorderseite des Wagens und dem Abgrund übrig. Wieder gingen Jordan und Nate einige Schritte zurück und stützten die Füße breitbeinig auf festem Boden ab.

Libby stand hinter Nate und nahm das Ende des Seils auf. Als sie zu dritt festhielten, kletterte Caleb auf den schmalen Streifen festen Bodens heraus. Kurz darauf gelangte er in Sicherheit.

Erst dann atmete Libby erleichtert auf. Als sie sich umschaute, sah sie die Pferde weiter unten auf der Straße. Anstelle eines Führstricks spannten sich die Zügel zwischen ihnen und einem Baum. Obwohl Bob nicht mehr rennen konnte, warf er den Kopf hoch. Seine Augen schauten immer noch wild vor Angst.

Wie ein Streichholz war die Stange vorne am Wagen zerbrochen. Die vorderen Bretter waren ebenfalls zerschmettert worden, sodass sie nicht mehr zu gebrauchen waren. Als Libby die Bretter sah, dachte sie an Nate. »Bist du abgesprungen?«, fragte sie ihn.

Er nickte. »Etwa zwei Sekunden vor dem Aufprall.«

Bald darauf bemerkte Libby, dass aus allen Richtungen Menschen kamen, um ihnen zu helfen. Während einige Männer die schwitzenden Pferde abrieben, richteten andere gemeinsam den Wagen auf. Da sie bemerkten, dass sich zwei Räder immer noch drehen ließen, schoben sie den Wagen über die Straße und lehnten ihn gegen die Felswand.

Nate führte die Pferde, und so machten sich Libby und die Jungen erneut auf den Weg zum Flussufer hinunter. Nach wenigen Schritten hielt ein Bauer an, um zu fragen, ob alles in Ordnung war. Sobald Nate den Führstrick für seine Pferde hinten am Wagen des Bauern befestigt hatte, kletterte er neben dem Bauern auf den Sitz. Libby, Caleb und Jordan nahmen im hinteren Teil des Wagens Platz.

Libby lehnte sich an eine Seite des Wagens und bedeckte die Augen mit den Händen. Sie wollte jegliche Erinnerung an die durchgebrannten Pferde verdrängen. Doch sogar mit geschlossenen Augen sah sie die Pferde wieder. Schon allein beim Gedanken an ihr wildes Rennen den steilen Hügel bergab begann Libby zu zittern. *Ich will nie mehr in einem Wagen fahren!*

Dann, als sie die Bretter unter sich spürte, wusste Libby, dass sie genau das tat. Ihre Schwäche war ihr peinlich, und sie zwang sich aufzublicken. »Was ist passiert?«, fragte sie Jordan.

»Die Rückhalteriemen sind gerissen«, sagte er.

»Rückhalteriemen?« Libby wusste nicht, was er meinte.

»Riemen im Geschirr, die Pferd helfen, seine Hinterhufe zu stemmen in den Boden. Das Pferd gewissermaßen setzt sich hin. Wenn es Hinterhufe stemmt in den Boden, wirkt das dann wie Bremsen für Wagen. Aber wenn reißt ein Rückhalteriemen –«

Jordan machte eine Pause, dann fuhr er fort: »Wenn reißt ein Riemen, wird ganze Last übertragen auf zweiten Rückhalteriemen.«

Libby starrte Jordan an. Sie war sich nicht sicher, ob

sie es richtig verstand. »Und wenn der zweite Riemen reißt?«

»Ja, genau! Wenn reißt zweiter Riemen, es nichts gibt, was den Wagen davor zurückhält, aufzufahren auf Hinterbeine oder Hinterteile von Pferden. Die Ortscheite –«

»Ortscheite?« Libby war erneut ratlos.

»Eine Querstange hinter jedem Pferd«, warf Caleb schnell ein. »Sie sind Teil des Wagens.«

Jordan grinste. »Als die Ortscheite schlagen den Pferden gegen die Hacken, ohoo, diese Pferde erschrecken! Und fangen an, wegzurennen – mit aller Kraft, die haben sie!«

Libby war sich nicht sicher, ob sie alles verstanden hatte. Sie spürte bereits ihre blauen Flecken, doch sie war auch dankbar, dass sie noch lebte. Trotzdem war sie neugierig. »Jordan, woher weißt du so viel über Pferde?«

Jordan richtete sich auf und hob stolz den Kopf, wie Libby es bei ihm schon oft beobachtet hatte. »Darum ich bin so viel wert«, sagte er.

»Viel wert?«

Jordan warf einen Blick auf Nate und den Bauern. Dann sprach er mit leiser Stimme. »Darum ich bin so 'nen hohen Preis wert. Weiß mehr über Pferde als jeder andere farbige Junge, den ich kenne.«

»Stimmt das, Jordan?« Sogar Caleb schien erstaunt. »Wo hast du das gelernt?«

»Bevor mein Daddy wurde verkauft, er's mir hat beigebracht. Sagte: ›Jordan, jetzt pass mal auf.

Du jetzt lernst alles, was ich bringe dir bei. Weil wenn du hast viel Wert, haste 'n einfacheres Leben.‹«

Jordan schüttelte den Kopf. »Eines Tags, wenn ich

befrei meine Familie, dann ich beweis, was ich bin wert. Ich werd mein' Daddy zeigen, wie viel er mir hat beigebracht.«

»Ich dachte, du wüsstest gar nicht, wo er ist«, sagte Libby.

»Nö, ich nich' weiß, wo er is'. Aber wenn Mamma und mein' Schwestern und mein Bruder sind frei, ich ihn finden werd.«

Sobald sie das Zentrum von Stillwater erreicht hatten, suchte Caleb den Dorfmarshal auf, um den ausgebrochenen Häftling zu melden. Der Marshal war froh, dass Caleb ihn informiert hatte. Doch er schüttelte verzweifelt den Kopf darüber, dass schon wieder jemand ausgebrochen war.

Als Libby und die Jungen zum Flussufer zurückkehrten, sahen sie das Dampfschiff, das sie von der Klippe aus beobachtet hatten. Es war ein kleineres Schiff als die *Christina* und somit der Typ Schiff, der normalerweise den Saint Croix River auf- und abfuhr. Sie sahen dem Schiff nicht an, ob es in Saint Paul gewesen war. Genauso wenig konnten sie sagen, ob es Passagiere mitgebracht hatte, die eventuell die neuesten Nachrichten gehört hatten und Jordan erkennen würden.

Als der Zeitpunkt kam, sich zu verabschieden, grinste Nate Libby an. »Wenn du nach Stillwater zurückkommst, kann ich dich wieder im Wagen mitnehmen«, sagte er.

Als Libby erschauderte, wurden Nates Augen ernst. »Es tut mir leid, Libby. Es tut mir echt leid, was passiert ist.«

Erst dann schaffte es Libby zu lächeln. »Die Aussicht

war großartig, Nate. Danke, dass du's versucht hast. Ich weiß, dass es nicht dein Fehler war.«

»Das nächste Mal passe ich besser auf dich auf«, versprach er.

Als Libby an Bord der *Christina* ging, wartete Samson, ihr Hund, am oberen Ende der Anlegeplanke auf sie. Er war ein großer Neufundländer, und abgesehen von weißen Flecken an der Nase, der Schnauze, der Brust und den Zehenspitzen war sein Fell ganz schwarz. Libby fiel auf die Knie und drückte ihn fest an sich.

Als spürte er, dass sie Trost benötigte, streckte Samson seine lange Zunge heraus und versuchte Libby abzulecken. Obwohl Libby seiner schlabbernden Zunge auswich, fühlte sie sich besser.

Bald legte die *Christina* in den Lake Saint Croix ab. Während das Schiff stromaufwärts stampfte, schauten Libby, Caleb und Jordan vom Hauptdeck aus zu. Das Wasser war voll von den Baumstämmen, die Libby von der Klippe aus gesehen hatte.

Gut zwei Kilometer nördlich vom Dorf hatten Holzarbeiter eine große eine Barriere gebaut, die aus einer Kette schwimmender Baumstämme bestand. Die Barriere erstreckte sich zwischen den langen Inseln und den hohen Steilkliffs auf beiden Seiten des Flusses und fing weitere Baumstämme auf, die den Saint Croix River herunterkamen. Wenn sie so gesammelt waren, wurden die Baumstämme vermessen und nach der Besitzermarkierung am Ende jedes Baumstamms sortiert.

Einige dieser Baumstämme waren für die Sägemühle

von Stillwater bestimmt. Andere schwammen als Flöße weiter flussabwärts.

Im offenen Wasser südlich von der Barriere balancierten Männer auf den sich drehenden Baumstämmen. Sie trugen Stiefel mit Spikes und hielten alle einen langen Stab, der »Flößerhaken« genannt wird. Das eine Ende war auf fünf Zentimeter zugespitzt und glich einer Schraube. Mit den Flößerhaken lenkten die Männer die Baumstämme in lange Reihen, die schließlich Flöße bildeten.

»Warum tragen alle Männer rote Hemden?«, fragte Libby.

»Wenn ein Mann in den Fluss fällt, sieht man ihn dann besser«, erklärte Caleb.

Bald erreichte die *Christina* die Barriere. Auf dem Sandsteinufer über dem Schiff befand sich ein großes Kochhaus, wo die »Rothemden« ihre Mahlzeiten einnahmen. Laut Caleb versorgten die Köche oft sechshundert Männer pro Tag.

Im Felsufer unterhalb des Kochhauses befand sich eine Höhle, die als Lagerraum für Vorräte benutzt wurde. Sobald die Anlegeplanke der *Christina* ausgefahren wurde, halfen Hafenarbeiter, Frachtgut auszuladen. Als die Arbeiter Vorräte in die Höhlen trugen, eilte Libby zum Sturmdeck hinauf. Sie kniete sich dort an ihrem Lieblingsplatz hin, von wo aus sie alles beobachten konnte, was vor sich ging. Von diesem Platz aus hinter der Reling konnte sie den vorderen Teil des Hauptdecks sehen, obwohl dieses zwei Decks tiefer lag.

Samson ließ sich neben sie fallen, und Libby strich

ihm mit den Fingern durch das lange Fell an seinem Nacken. Als sie ihn hinter den Ohren kraulte, weitete sich Samsons Maul wie zu einem Lächeln. Erneut schien er zu spüren, wie zittrig sich Libby immer noch fühlte.

Einen Augenblick lang war Libby froh darüber, dass Caleb sie so gut beschützt hatte. Im nächsten Augenblick zitterte sie jedoch beim Gedanken daran, wie nah sie dem Abgrund gekommen waren. Es erinnerte Libby an das wichtige Versprechen, das sie erst vor einigen Tagen gegeben hatte. Sie hatte all ihre Ängste überwunden und Gott um seine Liebe und Vergebung gebeten.

Nun hielt sich Libby an dieser Erinnerung fest. *Wenn mir etwas zugestoßen wäre, wäre ich bereit gewesen zu sterben!*

Dort auf dem Deck war Libbys Dankbarkeit dem Gott gegenüber, den sie immer besser kennenlernte, noch größer. »Danke, dass du mich beschützt hast«, betete Libby leise. »Danke, dass du über uns allen gewacht hast.«

Alles war so schnell geschehen, dass sie beinahe den ausgebrochenen Häftling vergessen hatte. Sogar Calebs Versprechen, dass sie *vielleicht* bei der Befreiung von Jordans Familie helfen konnte, war in den Hintergrund gerückt. Nun wurde es ihr wieder präsent. *Vielleicht kann ich tatsächlich mithelfen, wenn Jordan versucht, seine Familie zu befreien! Ich werde beweisen, dass ich ein Geheimnis für mich behalten kann – dass ich alles tun kann, was ich mir vornehme!*

Dann kam Libby ein unbehaglicher Gedanke. *Kann ich wirklich alles tun, was ich mir vornehme?* Als sie an das knappe Entkommen am Felshang dachte, wurde

Libby wieder zittrig zumute. *Ich war absolut hilflos. So hilflos wie ein Kleinkind.*

Sie schob den Gedanken beiseite und weigerte sich, weiter darüber nachzudenken. *Ich bin nun Christ. Das Leben wird einfacher werden.*

Genau in diesem Augenblick bemerkte Libby einen Mann, der die Treppe des Kochhauses herunterkam. Als wüsste er genau, wohin er ginge, eilte er über den sandigen Boden zur *Christina*. Bei der Anlegeplanke sprach er mit dem Angestellten, der danebenstand.

»Caleb Whitney?«, fragte der Mann. »Kann ich ihn sprechen?«

Oh-oooh, dachte Libby. *Was ist schiefgelaufen?*

Dann dachte sie an Jordan. Hatte jemand herausgefunden, dass er ein flüchtiger Sklave war? Wusste jemand, dass Caleb Jordan geholfen hatte, an Bord zu kommen? Erwachsene wurden bestraft oder kamen ins Gefängnis, wenn sie flüchtigen Sklaven geholfen hatten. Die Strafe war hoch, das Risiko war groß.

Libby legte sich flach auf den Bauch und spähte zwischen den Stangen der Reling hinunter. Kurz darauf überquerte Caleb das Vorderdeck, um den Mann zu sprechen.

»Caleb Whitney?«, fragte er erneut.

Augenblicklich wurde Caleb steif, als fragte er sich ebenfalls, worum es hier ging. Doch er hatte Libby den Rücken zugewandt, sodass sie sein Gesicht nicht sehen konnte.

»Ich bin Caleb«, hörte sie ihn sagen. »Was kann ich für Sie tun?«

Obwohl Libby die Ohren spitzte, konnte sie die Antwort des Mannes nicht hören. Daraufhin führte Caleb ihn die Anlegeplanke herauf. In der Nähe des Bugs setzten sie sich auf zwei Lattenkisten.

Nun konnte Libby Calebs Gesicht sehen, doch es sagte ihr immer noch nichts. Schon mehrmals war ihr aufgefallen, wie gut Caleb seine Gefühle verbergen konnte. Je größer die Gefahr, desto weniger schien er sich mit einem falschen Ausdruck oder Wort zu verraten.

Schließlich gewann Libbys Neugier die Oberhand. Auf Händen und Knien entfernte sie sich von der Reling. Sobald sie aus Calebs Blickfeld gekommen war, stand sie auf und ging zur Treppe. Sie ging hinunter und gelangte so auf das Kesseldeck, das sich direkt über den großen Kesseln befand, die Wasser aufheizten und Dampf produzierten, um das Schiff anzutreiben.

Die nächste Treppe führte zum Hauptdeck hinunter. Dort ging Libby auf den Bug zu, als wäre sie ein Passagier, der sich um seine eigenen Angelegenheiten kümmerte. Als sie nah an Caleb vorbeiging, tat sie so, als kennte sie ihn nicht. Dann setzte sie sich auf ein Fass und blickte auf den Fluss hinaus.

»Und der Name der jungen Dame?«, fragte der Mann.

Junge Dame?, fragte sich Libby. *Über wen sprechen sie da?* Sie drehte sich leicht und beobachtete, wie der Mann auf einem Blatt Papier Notizen machte.

»Libby Norstad«, antwortete Caleb. »Sie sollten sich mit ihr unterhalten. Sie ist ein ziemlich kluges Mädchen – das heißt, meistens.«

»Schon gut. Ich werde einfach mit dir sprechen«, meinte der Mann.

»Sind Sie sich sicher? Es würde überhaupt nicht lange dauern, sie zu holen.«

»Kennst du sie gut?«, fragte der Mann.

»Ich arbeite für ihren Vater«, sagte Caleb. »Ich bin ein Schiffsjunge auf der *Christina.*«

Und so vieles mehr, dachte Libby. Einmal hatte Papa ihr gesagt, wie viel Caleb ihm bedeutete. *»Ich würde ihm sogar mein Leben anvertrauen«*, hatte Papa gesagt. Oft half Caleb Papa, flüchtige Sklaven zu verstecken.

In Augenblicken wie diesen fiel es Libby schwer zu verstehen, welches Vertrauen ihr Papa Caleb gegenüber hatte. Doch zu anderen Zeiten, wie zum Beispiel während des Wagenunfalls, verstand sie es völlig. Schon mehrmals hatte Caleb Dinge getan, die Libby bewunderte. Doch gerade jetzt, in diesem Augenblick, war dies nicht der Fall.

»Ich hole Libby für Sie«, bestand Caleb auf seinem Vorschlag. »Sie sollten sich echt mit ihr unterhalten.«

»Warum erzählst *du* mir nicht einfach von ihr?«, fragte der Mann.

»Nuuun …« Caleb hielt inne, als wüsste er kaum, wo er beginnen sollte. »Oft springt sie, bevor sie hinschaut. Tut für mich unverständliche Dinge. Wie zum Beispiel die Gespräche anderer Leute belauschen. Eigentlich belauscht sie Gespräche so oft, dass ich mich langsam frage, ob ihre Ohren abstehen werden.«

»Tatsächlich?«, meinte der Mann. »Und warum ist sie so neugierig?«

»Ich habe schon oft darüber nachgedacht«, antwortete Caleb. »Ich glaube, das liegt in ihrer Natur. Sie will immer wissen, was läuft.«

»Wenn mir das junge Fräulein je begegnet, wie erkenne ich sie?«

Hinter dem Rücken des Mannes starrte Libby Caleb an. Als ihre Blicke sich trafen, zweifelte sie überhaupt nicht mehr daran, dass Caleb sie gesehen hatte. Einen Augenblick lang dachte sie, dass er sie verraten würde. Stattdessen schaute er Libby weiter an, während er mit dem Mann sprach.

»Ihre Nase schaut ein kleines bisschen nach oben«, sagte Caleb. »Braune Augen. Tiefbraune Augen. Augen, die an den Blick eines süßen Hundes erinnern.«

»Und rotes Haar«, fuhr Caleb fort. »Ihr Haar ist dunkelrot mit ein bisschen Gold drin. Gar nicht übel, wenn die Sonne darauf scheint.«

Inzwischen war Libby eine heiße Verlegenheitsröte ins Gesicht gestiegen. Sie wirbelte herum und versuchte ihre Gefühle vor Caleb zu verbergen. Wie konnte dieser schreckliche Junge nur so etwas tun? Sie wäre am liebsten auf ihn losgestürmt und hätte ihm gesagt, er solle sich um seine eigenen Angelegenheiten kümmern. Stattdessen konnte sie jedoch nur davonstampfen.

»Im Ernst, Sie sollten sich wirklich mit ihr unterhalten«, sagte Caleb, als sie sich entfernte. »Libby könnte ihnen die Geschichte aus einem ganz anderen Blickwinkel erzählen. Um nur eine Sache zu nennen: Sie hat Höhenangst Als wir den Hügel hinauffuhren, hat sie sich fast panisch am Wagenrand festgeklammert.«

Wer ist dieser Mann, mit dem Caleb da spricht? Von ganzem Herzen wollte Libby das herausfinden.

Dann stellte sie mit Schrecken fest, dass sie es wusste. *Er muss ein Zeitungsreporter sein!*

Libby als Detektiv

Sobald der Mann gegangen war, stampfte Libby auf Caleb zu. Sie hatte bereits wieder vergessen, wie er sie beim Unfall beschützt hatte. Stattdessen war es ihr peinlich, wenn sie daran dachte, was Caleb gesagt hatte.

»Und wer war dieser werte Herr, mit dem du dich unterhalten hast?«, fragte Libby in süßem, unschuldig klingendem Tonfall.

Calebs Antwort klang genauso unschuldig. »Er ist der Reporter der lokalen Zeitung. Er wollte wissen, was wir über den ausgebrochenen Häftling wissen. Und er wollte Informationen zu unserem Unfall.«

»Und du hast ihm alles erzählt«, sagte Libby immer noch mit süßer Stimme.

»Jepp.« Caleb klang, als wäre es nicht wichtig. »Er sagte, es habe schon einmal einen schlimmen Unfall auf Nelson's Grade gegeben – auf der Straße, zu der Nate uns nicht führen wollte. Der Reporter erwartet, dass die Stadtverwaltung etwas unternimmt, damit es bei den steilen Abhängen bald Geländer gibt.«

»Und hast du dem Reporter erzählt, dass Jordan bei uns war?« Libby konnte ihre Angst, dass etwas geschehen konnte, nicht vergessen.

»Nö«, antwortete Caleb. »Ich habe Jordan mit keinem Wort erwähnt.«

»Aber du hast viele Worte über mich verloren. Warum hast du mit diesem Mann geredet?«

»Warum nicht?«, erwiderte Caleb. »Ich habe ihm nichts erzählt, was er nicht hätte wissen dürfen.«

»Dann darf er also alles wissen, was du ihm über mich gesagt hast?«

»Jepp.« Caleb grinste.

Libby stöhnte. »Dieser Artikel wird die ganze Welt informieren, dass die *Christina* nach Stillwater gekommen ist. Wann kommt die Zeitung heraus?«

»Einmal pro Woche«, sagte Caleb. »Sie kommt morgen heraus, aber erst nachdem wir ausgelaufen sind.«

»Wenn jemand diese Zeitung kauft und sie auf ein Dampfschiff stromabwärts mitnimmt –« Libby sprach nicht weiter. Inzwischen war sie so durcheinander, dass sie kaum sprechen konnte. Caleb hatte *ihr* gesagt, sie müsse ein Geheimnis für sich behalten können. Doch tat er selbst das auch?

»Du wolltest mit diesem Reporter sprechen, weil du auch Reporter werden willst!«, fuhr Libby fort.

»Das stimmt«, gab Caleb ruhig zu.

»Doch was ist, wenn der Reporter mit Nate spricht? Was, wenn Nate ihm von Jordan erzählt? Was, wenn Jordans Name in die Zeitung kommt?«

Caleb stöhnte auf. »Was wäre wenn, was wäre wenn, was wäre wenn –«

Schließlich musste Libby aufgeben. Sie konnte nichts sagen, was Caleb davon überzeugt hätte, dass er einen Fehler gemacht hatte.

Erst dann erinnerte sich Libby. Sie hatte vergessen, Caleb eine andere wichtige Frage zu stellen. »Hast du mehr über den ausgebrochenen Häftling herausgefunden?«, fragte sie.

»Er heißt Sam«, teilte Caleb ihr mit. »Sam McGrady.

Er kam ins Gefängnis, weil er Teil einer Bande war, die Banken ausraubte.«

Als der Mond über den Sandsteinklippen aufging, kehrte Libby in ihre Kajüte auf dem Texasdeck zurück. Noch lange, nachdem sie zu Bett gegangen war, wälzte sie sich hin und her. An allen Stellen, wo sie mit den Armen und Beinen die Matratze berührte, spürte sie neue blaue Flecken. Bis

dahin war ihr nicht klar gewesen, wie stark sie hin und her geschüttelt worden war, als der Wagen auf der Seite liegend weitergeschleift wurde.

Nach einer Weile stand Libby auf und zog die Seile fest, die ihr Bettgestell längs und quer überspannten. Doch als sie ins Bett zurückkroch, raschelten die Maishülsen jedes Mal, wenn sie sich umdrehte. Nun, da sie den ersten Schock des Unfalls überwunden hatte, kehrten ihre Gedanken immer wieder zum ausgebrochenen Häftling zurück. Nachdem der Ausbruch bekannt geworden war, hatte Kapitän Norstad befohlen, die *Christina* ein wenig vom Ufer zu entfernen. Um die Passagiere und die Fracht zu schützen, waren die Anlegeplanke der *Christina* eingezogen und ein Wächter aufgestellt worden, der die Nacht hindurch Wache hielt.

In den frühen Morgenstunden versuchte Libby nicht mehr einzuschlafen. Schnell zog sie ihr Kleid an. Ihre Kajüte hatte zwei Türen, eine auf der linken und eine auf der rechten Seite des obersten Schiffsdecks. Geräuschlos öffnete Libby die Tür auf derjenigen Seite, auf der Samson nie schlief.

Als Libby auf Zehenspitzen auf das Deck hinausschlich, war die Nachtluft warm und süß – der Frühling war endlich gekommen. Einen Augenblick lang lauschte Libby den Geräuschen der Nacht. Dann ging sie immer noch auf Zehenspitzen die wenigen Stufen zum Sturmdeck hinunter. Dort ließ sich Libby hinter der Reling auf die Knie fallen.

Hier hörte man nur das sanfte Schlagen der Wellen gegen das Ufer. Bald gewöhnten sich Libbys Augen an die Dunkelheit. Zwischen dem Schiff und einer nahe gelegenen Insel füllten Baumstämme den Fluss. Nur zwischen der *Christina* und dem Ufer befand sich ein dunkler Abschnitt offenen Wassers.

Von irgendwoher auf dem Hauptdeck schrie ein Baby. Dann war es wieder still. Nicht weit davon entfernt ertönte lautes Schnarchen. Nach kurzer Zeit hörte Libby ein *Mmmpf*, als hätte jemand die schnarchende Person angestupst.

Dann drang ein sanftes Platschen an Libbys Ohr, dann noch einmal. Libby war augenblicklich wach und blickte angestrengt über die Reling nach unten. In der Nähe des Ufers erblickte sie eine Gestalt, die sich dunkel vom Wasser abhob.

Erneut hörte Libby ein sanftes Platschen. Als die Gestalt näher kam, strengte Libby die Augen an. Wer auch immer es war, er hatte entweder einen sehr großen Kopf oder trug einen komisch geformten Hut.

Dann, während Libby zuschaute, streckte er einen Arm aus. In dem immer noch winterlich kalten Wasser schwamm jemand auf die *Christina* zu.

Alarmiert sprang Libby auf die Füße und rannte zur

Treppe. Vom Sturmdeck flog sie regelrecht zum Kesseldeck, dann zum Hauptdeck. In der Dunkelheit stolperte sie über Beine und Füße und bahnte sich einen Weg zu jener Seite der *Christina*, die dem Ufer am nächsten war. Doch sie war zu spät.

Als Libby auf das Wasser nur einen knappen halben Meter unter sich hinunterstarrte, schwamm niemand mehr auf die *Christina* zu. Es waren keine Hände zu sehen, die sich ausstreckten, um einen Mann auf Deck zu hieven.

Dann bemerkte Libby den Wächter, der auf einer Lattenkiste in der Nähe der Stelle, an der die Anlegeplanke normalerweise heruntergelassen wurde, saß. Libby starrte auf den Hut, den er trug. Als Libby zum Wächter hinüberging, hob er ruckartig den Kopf. Doch durch die Hutkrempe war sein Gesicht im Schatten.

Einen Augenblick lang fragte sich Libby, warum die Laterne nicht angezündet war. War der Wächter gerade eben aufgewacht? Libby war sich nicht sicher.

»Kann ich Ihnen helfen, Fräulein?«, fragte der Mann, scheinbar wachsam.

»Ja«, antwortete Libby leise, um die schlafenden Passagiere um sie herum nicht zu wecken. »Können Sie mir sagen, ob gerade ein Mann an Bord gekommen ist?«

»Ein Mann? Bestimmt nicht. Es ist mitten in der Nacht.«

»Gar niemand?«, fragte Libby.

»Seit einer ganzen Weile niemand. Es ist alles in Ordnung auf der *Christina*.«

»Danke«, sagte Libby. »Und Ihr Name ist?«

»Swenson, Fräulein. Charlie Swenson, zu Ihren Diensten.«

Komisch, dachte Libby, als sie die Treppen wieder hinaufschlich. *Ich war mir sicher, dass ich einen Mann auf die »Christina« zuschwimmen sah. Doch falls ja, hätte ich ihn an Deck sehen müssen. Er konnte kaum mehr als ein, zwei Minuten vor mir hier gewesen sein.*

Den ganzen Weg zu ihrer Kajüte zurück dachte Libby darüber nach. In ihren Kleidern legte sie sich aufs Bett, um darüber nachzugrübeln.

Ich gehe noch mal da runter, beschloss sie. *Sobald es hell ist, gehe ich zurück.*

Einige Minuten später schlief Libby ein.

Als Libby aufwachte, spürte sie, dass das Schiff unterwegs war. Einige Minuten lang lag sie still da und hörte dem Stampfen der Maschinen und dem Schlagen der großen Schaufelräder auf das Wasser zu. Als sie schließlich ganz wach wurde, erinnerte sie sich an die dunkle Gestalt, die zur *Christina* geschwommen war.

Mit einem Satz sprang Libby aus dem Bett. Schnell goss sie Wasser aus einem Krug in ein Becken in einer Ecke ihrer Kajüte. Sobald sie sich das Gesicht mit Wasser benetzt und ihr Kleid glatt gestrichen hatte, war sie bereit.

Diesmal ging sie auf derjenigen Seite hinaus, auf der Samson immer schlief. Als sie die Treppenstufen hinuntersauste, folgte Samson ihr dicht auf den Fersen. Um Libby herum wachten die Passagiere gerade auf. Trotzdem ging Libby schnell in den schmalen Zwischenräumen zwischen ihnen hindurch.

Bei der Lattenkiste in der Nähe der Stelle, an der die Anlegeplanke normalerweise heruntergelassen wurde, blieb Libby stehen. Hier hatte der Wächter gesessen. Hier hatte sich Libby gefragt, ob er mit dem Kopf genickt hatte – ob er wirklich wach war. Etwas an dem Wächter beunruhigte sie. Aber was?

Libby stand da und dachte an den Schwimmer zurück. Ein großer Hut. Warum würde jemand mit Hut schwimmen?

Dann dämmerte es Libby. Kein Hut – Kleider vielleicht. Ein fest geschnürtes Kleiderbündel, das auf dem Kopf des Schwimmers befestigt war. Wenn er den Kopf über Wasser hielt, würden die Kleider nicht nass werden.

Libby war sich sicher, dass sie etwas Bündelförmiges gesehen hatte. Doch die Person hatte keine Zeit gehabt, sich umzuziehen. Falls der Schwimmer wirklich an Bord gekommen war, wo war er hingegangen? Er wäre ja pitschnass gewesen.

Immer noch neugierig lehnte sich Libby vor, um genauer hinzusehen. Die Lattenkiste war aus Holz und hatte genau die richtige Größe, um sich darauf zu setzen. Das Deck darüber hatte die Kiste vor dem starken Morgentau geschützt, sodass sie trocken war.

Genauer gesagt, trocken abgesehen von einer Stelle!

Auf der Oberseite der Lattenkiste war ein deutlicher Abdruck zu sehen, wo jemand in nassen Kleidern gesessen hatte. Auf dem Boden vor der Kiste war das Deck auch nass, als hätte sich eine Pfütze um die Füße des Mannes gebildet. Und gleich neben der Lattenkiste, wo eine Holzlatte das Deck berührte, befand sich eine dünne Wasserlinie.

Libby starrte die unübersehbaren Spuren an und wurde dabei plötzlich von großer Angst überfallen. *Wer auch immer der Mann ist, ich stand direkt vor ihm! Mitten in der Nacht, als alle schliefen, stand ich da und sprach mit ihm!*

Als sie versuchte, die Panik, die ihr die Kehle zuschnürte, zu verdrängen, wurde Libby eines klar: *Ich muss es Papa erzählen, und zwar sofort.*

Indem sie zwei Stufen auf einmal nahm, rannte Libby zurück zum obersten Schiffsdeck hinauf. Papas Kajüte befand sich vorne auf dem Texasdeck, direkt vor Libbys Kajüte.

Augenblicke nachdem sie ihren Geheimrhythmus geklopft hatte, öffnete ihr großer, schlanker Vater die Tür. Abgesehen von einem Hauch von Weiß über den Ohren war Papas schwarzes Haar so dunkel wie seine Kapitänsuniform.

Nun wurde Libby von Papas Lächeln willkommen geheißen, und sie fühlte sich besser – schon allein deshalb, weil sie bei ihm war. Als sie ihm erzählte, was geschehen war, nahm sein Gesicht einen ernsten Ausdruck an.

»Und wie hieß der Wächter?«, fragte er.

»Swenson, Papa. Er sagte, er hieße Charlie Swenson.«

Papa blickte verwirrt drein. »Ich kann mich nicht daran erinnern, dass irgendein Angestellter so heißt, aber ich werde das abklären. Unser Erster Offizier hat vielleicht in Saint Paul oder Stillwater jemanden angestellt.«

Papa folgte Libby zum Hauptdeck hinunter. Als sie ihm den schwachen Umriss aus feuchtem Holz zeigte, nickte er. »Richtig, Libby. Hier hat tatsächlich jemand mit nassen Kleidern gesessen. Die Nachtluft war so feucht, dass es nicht so schnell trocknen konnte wie bei Wind.«

Als Papa den Ersten Offizier aufsuchte, begleitete Libby ihn.

»Haben wir jemanden namens Charlie Swenson angestellt?«, fragte Kapitän Norstad.

Herr Bates schüttelte den Kopf. »Nein, Sir. Niemand, der so heißt. Doch ich habe keine Zweifel, dass zu jener Zeit jemand Wache hielt. Ich habe letzte Nacht eine Wache aufstellen lassen wegen dem ausgebrochenen Häftling.«

»Könnte es sein, dass der Wächter seinen Posten neben der Anlegeplanke kurz verlassen hat?«, warf Libby ein.

»Er hat seine Runden gemacht, alle zwanzig Minuten ums Hauptdeck.«

»Diese Regel ändern wir lieber«, meinte Kapitän Norstad. »Das nächste Mal, wenn wir einen Wächter brauchen, soll er seine Runden in unregelmäßigen Zeitabständen machen, damit ein Beobachter nicht weiß, was zu erwarten ist. Und setzen Sie zwei Wächter ein – auf jeder Seite der *Christina* einen.«

Als Libby und ihr Vater zum Speisesaal gingen, um zu frühstücken, seufzte der Kapitän. »Ich fühle mich wie jemand, der den Brunnen zudeckt, nachdem das Kind hineingefallen ist. Halte deine Adleraugen weiterhin offen, Libby. Aber komm zu mir, sobald es gefährlich werden könnte. Du musst dich nicht um Männer kümmern, die sich an Bord schleichen. Das ist meine Aufgabe, okay?«

»Okay, Papa.« Die Umarmung ihres Vaters vertrieb die ängstlichen Gefühle aus Libbys Herz.

Doch dann sagte Papa: »Ich hoffe, der Mann will einfach nur eine Gratisfahrt.«

Eine Gratisfahrt.

»Papa«, sagte Libby. »Der Mann hatte einen Hut auf – einen Hut, unter dem er möglicherweise sein Bündel versteckt hatte. Falls er ein Häftling war, musste er einen Hut tragen, um zu verbergen, wer er war.«

Als Libby zu ihrer Kajüte zurückging, hatte sie wieder Angst.

Die verschwindenden Kekse

E*ine Gratisfahrt*, dachte Libby, als sie Papa die Treppen hinauffolgte. *Was könnte der Mann sonst noch wollen?*

Dann hörte Libbys Herz beinahe auf zu schlagen. *Vielleicht ist es wirklich der ausgebrochene Häftling. Oder könnte es jemand sein, der weiß, dass Jordan an Bord ist? Wenn Jordan gefangen wird, verliert er seine Freiheit und somit die Möglichkeit, seiner Familie zu helfen.*

Sobald Libby fertig gefrühstückt hatte, machte sie sich auf die Suche nach Caleb und Jordan. Zuallererst musste sie die beiden warnen. Außerdem wollte sie Caleb erzählen, wie super sie alles herausgefunden hatte. Libby war stolz auf sich.

Wenn Caleb und Jordan wissen, wie klug ich bin, werden sie mir mehr vertrauen. Dann lassen sie mich bei der »Untergrundbahn« mithelfen. Einmal hatte Caleb ihr bereits erlaubt, etwas zu tun, doch das war nur deshalb, weil er keine andere Wahl hatte.

Libby fand Caleb und Jordan auf dem Sturmdeck sitzen. Sie schauten zu, wie ein riesiges Floß aus Baumstämmen den Lake Saint Croix hinuntergesteuert wurde. Das Floß bestand aus acht bis zehn Baumstammreihen, die nebeneinander befestigt waren. Jede dieser Reihen war etwa fünf Meter breit und 130 Meter lang. Am Rand waren Baumstämme zusammengekettet, um das Floß zusammenzuhalten.

Das Dampfschiff zog das Floß an starken gestreckten Tauen hinter sich her. Die Männer, die Caleb »Rothemden« nannte, standen auf den beiden Enden des Floßes. Sie hielten alle den großen langen Stab in der Hand und benutzten ihn als Ruder.

Ein anderer Mann saß auf einer Lattenkiste und schälte Kartoffeln. Hinter ihm befanden sich drei kleine Gebäude. »Für die Reise den Fluss hinunter baut sich jeder Mann sein eigenes kleines Haus«, erklärte Caleb. »Siehst du, die Öffnung ist gerade groß genug, dass ein Mann hinein- und herauskriechen kann.«

Jedes »Haus« war nur einige Bretter hoch und bot kaum genug Raum, dass ein Mann darin liegen konnte. Arbeiterhosen und rote Hemden waren am spitzen Dach von zweien der »Häuser« aufgehängt.

Beim Anblick der nassen Kleider fröstelte Libby. Es musste sich wie ein Eisbad anfühlen, in der zweiten Maiwoche im Fluss zu arbeiten. Es erinnerte sie daran, warum sie gekommen war – um Caleb und Jordan von dem Mann zu erzählen, der zur *Christina* geschwommen war.

Libby begann ihre Erzählung damit, dass sie in der Nacht ein gedämpftes Platschen gehört hatte. Mitten in ihrer Geschichte begann Jordan nervös mit den Fingergelenken zu knacken. Als sie ihn so sah, zerbröselten Libbys stolze Gefühle. Inzwischen wollte sie nicht mehr beweisen, was sie Großes getan hatte, um das herauszubekommen.

Als Libby schließlich die ganze Geschichte erzählt hatte, blickten Jordans Augen sorgenerfüllt. »Was das für 'n Mann is'?«, fragte er.

»Ich weiß nicht«, antwortete Libby.

Caleb sah ebenfalls aufgebracht aus. »Und dein Vater weiß es auch nicht?«

Libby schüttelte den Kopf. »Es könnte der Häftling sein. Es könnte eigentlich irgendwer sein. Es war zu dunkel, um sein Gesicht zu sehen.«

»Würdest du seine Stimme wiedererkennen?« Caleb war nun nicht mehr der vierzehnjährige Junge, der Libby gerne aufzog. In diesem Augenblick war er zum »Schaffner« der »Untergrundbahn« geworden, der immer auf der Hut war. Als »Schaffner« der »Untergrundbahn« führte Caleb entlaufene Sklaven von einem sicheren Ort zum nächsten.

»Seine Stimme?« Libby erinnerte sich daran, dass die Stimme des Mannes leicht kratzig klang, doch das konnte auf eine Erkältung hindeuten. *Oder dass er in kaltem Wasser geschwommen war.*

»Seine Stimme klang leicht kratzig – beinahe, als wäre er heiser«, sagte sie.

Als müsste er sich davon überzeugen, dass der Mann nicht gekommen war, um ihn an der Befreiung seiner Familie zu hindern, begann Jordan zu sprechen: »Als ich nur war 'n kleiner Junge, meine Mamma mir sagte: ›Jordan, dein Daddy und ich, wir gaben dein' Name dir wegen dem, was du wirst tun.‹

›Was du meinst, Mamma?‹, ich wissen wollte.

›Du unser Volk aus der Sklaverei führen wirst‹, sagte Mamma. ›Du unser Volk ins verheißene Land führen wirst.‹«

Vor langer Zeit hatte Libby von Mose gehört, der die Israeliten aus der Sklaverei in Ägypten geführt hatte. Vierzig Jahre später brachte Josua sie über den Fluss Jordan nach Kanaan, ins verheißene Land.

»Immer wieder Mamma hat mir das erzählt, bis es

nicht mehr war nötig«, fuhr Jordan fort. »Ich selbst wusste: Mamma würde haben recht. Ich hab mir gesagt, dass ich werd mein Volk retten. Aber ich Angst hab, Caleb. Echt Angst.«

Zum ersten Mal schien Jordan von der Unmöglichkeit dessen, was er plante, überwältigt. »Ich solche Angst hab, dass ich gar nich' mehr recht kann glauben, dass ich schaffe das alles.«

»Nicht viele entlaufene Sklaven kehren in den Staat zurück, in dem sie Sklaven waren«, warnte Caleb. »Wenigstens wohnt deine Mutter an einem anderen Ort als dort, wo du warst. Ihr Meister kennt dich nicht.«

Jordans beunruhigter Blick traf Calebs. »Aber kann ich tun das, was ich muss tun? Kann ich befreien mein Volk?«

Caleb antwortete nicht sofort, als wüsste er, wie ernst seine Worte genommen würden. Schließlich sprach er. »Wenn Libbys Vater sichergehen will, dass ich nicht einfach auf eigene Faust losschieße, schaut er mir direkt in die Augen. Er fragt: ›Was sagt dir Gott in diesem Augenblick?‹«

Jordan blickte weg. Er streckte seine Finger aus und starrte auf seine rechte Hand, dann auf seine linke. Langsam drehte er sie, sodass er dann auf die Handflächen starrte. Dann untersuchte er seine Füße.

»Im Guten Buch, Mose is' 'n großer Mann«, sagte Jordan, wobei er immer noch auf seine Füße blickte. »Er sein Volk aus Ägypten rausholte.«

»Aus dem Leiden«, antwortete Caleb leise.

»Aus der Sklaverei.« Jordans Stimme war immer noch nachdenklich.

»Diese Hände – diese Füße«, meinte er langsam. »Vor langer Zeit der Herr mir sagte: ›Jordan, ich dir starke Hände geb – starke Füße. Ich sie dir geb, damit du führen kannst dein Volk aus Sklaverei. Aber ich dir auch was anderes geb – etwas, was du brauchst noch viel mehr.‹«

Als Jordan den Kopf hob, schimmerten Tränen in seinen dunklen Augen. »Der Herr mir sagte: ›Jordan, ich dir 'n großes Herz geb – ein Herz, das is' groß genug, um zu führen dein Volk in die Freiheit.‹«

Scheinbar verlegen versuchte Jordan seine Tränen abzuwischen. Doch seine Augen wurden erneut von Tränen erfüllt, die ihm die Wangen hinunterliefen.

Caleb lehnte sich vor und blickte Jordan dabei immer ins Gesicht. »Dein Herz *ist* groß genug, um dein Volk in die Freiheit zu führen«, sagte er. »Die Freiheit deines Volks bedeutet dir mehr als dein eigenes Leben. Es könnte dich das Leben kosten.«

In der darauf folgenden Stille hörte Libby nur das Schlagen der Schaufelräder auf das Wasser. Dann tauschten Caleb und Jordan einen langen, festen Blick aus.

»Wenn du mich mitmachen lassen willst, habe ich immer noch vor, dir zu helfen.« Caleb hielt seine Hand hin zur Bekräftigung des Versprechens, das er vor einigen Wochen gegeben hatte.

Diesmal zögerte Jordan nicht. Er ergriff Calebs ausgestreckte Hand.

Dann stand Caleb auf. »Komm, ich will euch etwas zeigen.«

Er führte Jordan und Libby zur Kajüte von Kapitän

Norstad. Dort öffnete Caleb die große Bibel, die Libbys Vater gehörte. Während er die Seiten umblätterte, erklärte Caleb: »Ein Mann namens Paulus musste durch viele Schwierigkeiten hindurch. Aber Gott sagte ihm: ›Meine Gnade genügt dir.‹«

»Genügt dir?«, fragte Libby. »Was meint er damit?«

»Dass sie reicht. Gott sagt: ›Meine Gnade ist genug für dich, Jordan, denn meine Kraft ist in den Schwachen mächtig. Wenn du schwach bist, dann ist meine Kraft groß genug für dich.‹«

Wie immer war Libby überrascht, wie Caleb alles erklären konnte. Seitdem sie Caleb zum ersten Mal getroffen hatte, wusste Libby, dass bei Caleb etwas anders war. Als sie entdeckte, was er bei der »Untergrundbahn« tat, dachte sie, das wäre es. Doch später merkte sie, dass es einen anderen Grund gab, warum Caleb so stark war.

»Die Schwierigkeiten, durch die Paulus gehen musste, halfen ihm, Gottes Kraft kennenzulernen«, erklärte Caleb. »Paulus sagte: ›Wenn ich schwach bin, dann bin ich stark.‹«

In der Zeit, seit Jordan an Bord gekommen war, hatte Caleb ihm das Lesen beigebracht. Nun zeigte Caleb auf jedes Wort. Jordan starrte die Wörter an, als versuchte er, sie dem Gehörten zuzuordnen.

»Ich schwach bin, das steht fest«, sagte er. »Ich echt Angst hab. Und Gottes Gnade genug für mich ist?«

Caleb nickte.

»Vor langer Zeit ich dieses Wort gelernt hab«, antwortete Jordan. »Gnade is' Gottes Liebe und Gunst, selbst wenn nicht verdien ich's.«

Als vergäße er seine Sorgen, richtete sich Jordan gerade auf und stand wieder so stolz da, dass sein Auftreten Libby an fürstliche Würde erinnerte. »Unser farbiger Prediger mir hat gesagt, ich bin kein Sklave. Bin ich nach Gottes Bild geschaffen. Bin ich sein Kind!«

Erneut blickte Jordan auf die Bibelseiten hinunter. »Mein ganzes Leben lang ich wollte das Gute Buch lesen. Wollte all die guten Verheißungen sehn selbst. Zeig's mir noch mal!«

Diesmal zeigte Jordan auf jedes Wort und wiederholte, was Caleb ihm gesagt hatte. Kurz darauf sagte Jordan: »Tretet zurück! Werd ich's *euch* vorlesen.«

Mit dem Finger auf jedem einzelnen Wort las Jordan die Verheißung vor. »›Wenn ich schwach bin, dann bin ich stark.‹«

Als wollte er beweisen, dass er das Gelesene verstand, hob Jordan den Kopf und blickte Caleb an. »Wenn ich bin schwach, Jesus mich macht stark!«

Bei Prescott, Wisconsin, wo der Saint Croix River in den Mississippi fließt, kappte das Schleppschiff die Taue. Von dort bis zum Lake Pepin, wo sich der Mississippi zu einem See verbreiterte, würde das Holzfloß mit der Strömung treiben, gelenkt von den Rudern der »Rothemden«.

Als die *Christina* sich der Anlegestelle näherte, sprach Libby schnell. »Ich will auch helfen«, sagte sie Jordan. »Ich will dabei helfen, deine Familie zu befreien.«

Lange saß Jordan still da und dachte darüber nach. Als er schließlich antwortete, sprach er leise, aber bestimmt. »Es ganz unterschiedliche Leute bei der

›Untergrundbahn‹ arbeiten. Freie Schwarze, weiße Männer und Frauen, Jungen und Mädchen. Aber dass Tochter eines weißen Kapitäns etwas so Schwieriges versucht hätte, ich noch nie gehört hab. Hineinzugehen nach Missouri –«

Jordan schüttelte den Kopf. »Nicht, wenn es kein' wirklich guten Grund gibt dafür. Aber danke, dass du wärst bereit gewesen dazu.«

Als sie seine leise Stimme hörte, wusste Libby, dass er es sich gut überlegt hatte. Trotzdem wollte sie seine Worte nicht akzeptieren. *Wenn ich mich wirklich anstrenge, wenn ich alles perfekt mache, dann werde ich Caleb und Jordan dazu bringen, dass sie mich dabei helfen lassen, Jordans Familie zu befreien.*

Dreistöckige Lagerhallen standen am Flussufer von Prescott. Bevor sie weiter den Mississippi hinauf nach Saint Paul fuhren, ließen große Dampfschiffe oft ihr Frachtgut hier lagern. Dann nahmen kleinere Dampfschiffe die Fracht mit nach Stillwater und zu anderen Städten entlang des Saint Croix River.

Als Libby den großen Gemischtwarenladen in Prescott betrat, war er voll von Männern, die von den Flößen kamen, um Vorräte einzukaufen. Alle trugen sie die roten Hemden, die es anderen leichter machten, sie zu retten, falls sie ins Wasser fielen.

Als sie die vielen Männer sah, wollte Libby wieder umkehren. Dann fragte der Ladeninhaber: »Kann ich Ihnen behilflich sein?«

Während sie in Chicago lebte, hatte Libby bei einem bekannten Künstler Zeichenunterricht gehabt. Doch

Libby hatte das Zeichenpapier, das sie in Saint Louis gekauft hatte, bereits aufgebraucht. Nun war sie froh, dass sie hier mehr Papier bekam, und Zeichenstifte dazu.

Als sie bezahlt hatte, fiel ihr ein Mann in der Nähe eines Tisches, der mit roten Hemden bedeckt war, auf. Er trug graue Hosen, ein weißes Hemd, eine rot-blaue Jacke und eine Mütze und schien nicht an diesen Ort zu gehören – im Vergleich zu all den Flößern, die den Laden bevölkerten, war er zu gut gekleidet. Doch zu Libbys Überraschung wählte er ein rotes Hemd aus.

Während der Verkäufer Libbys Paket einpackte, schaute sie sich um. Falls man in diesem Laden auch Hemden anderer Farbe kaufen konnte, waren diese nicht in Sichtweite.

Kurz darauf stellte sich der Mann in der rot-blauen Jacke hinter sechs oder sieben Männern an, die darauf warteten, zu bezahlen. Während Libby beobachtete, blickte der Mann um sich, als prüfte er, wer hinter ihm stand.

Die Künstlerin in Libby fragte sich, was dieser beinahe verstohlene Blick bedeutete. Im Zeichenunterricht hatte sie gelernt, darauf zu achten, wie eine Person aussah. *Falls ich diesen Mann zeichnen würde, was würde ich tun?* Neugierig ging Libby zur Tür hinüber und stand dort, als würde sie auf jemanden warten.

Der Mann war etwa 1,80 Meter groß und kräftig gebaut. Aus irgendeinem Grund schien er Libby vertraut.

Doch wen kenne ich schon in dieser Gegend?, fragte sich Libby. In Stillwater ist sie Nate und dem Bauern, der ihnen nach dem Unfall geholfen hatte, begegnet. Ganz kurz hatte sie auch mit einigen anderen Leuten gesprochen. Das Aussehen dieses Mannes passte zu keinem von ihnen. *Vielleicht bin ich nervös wegen des ausgebrochenen Häftlings*, dachte Libby.

Beim Ladentresen legte der Mann sein Geld hin. Als der Ladenbesitzer das Rückgeld herausgab, drehte sich der Mann gerade so weit, dass er bemerkte, wie Libby ihn anstarrte. Als sich ihre Blicke trafen, hob er die Hand, berührte den Schirm seiner Mütze und nickte höflich. Dann verließ er den Laden in gemächlichem Tempo.

Als Libby ihm nach draußen folgte, wollte sie beobachten, ob er an Bord der *Christina* gehen würde. Stattdessen ging er auf ein anderes Dampfschiff zu, ein kleines, das auf dem Saint Croix River verkehrte. Libby beobachtete ihn, bis der Mann die Anlegeplanke hinaufging.

Auf dem ganzen Weg zur *Christina* zurück dachte Libby darüber nach und verglich den ausgebrochenen Häftling in Gedanken mit dem Mann, den sie eben gesehen hatte. Als der Häftling über den Zaun kletterte, hatte er einen halb geschorenen Kopf. Das Haar auf seiner linken Seite war hellbraun, doch Libby konnte seine Augenfarbe nicht sehen. Dieser Mann trug eine tief sitzende Mütze auf dem Kopf. Unter der Mütze hing eine Strähne hellbraunes Haar über seine Stirn herab. Seine Augen waren blau.

Die ganze Sache beschäftigte Libby, doch sie verstand nicht, weshalb. Dann, als sie die Anlegeplanke hinaufging, meinte sie es zu wissen. In Stillwater musste sie nur einmal hinschauen, um zu wissen, dass der Häftling etwas Verbotenes tat. Doch der Mann im Laden schien genau das Gegenteil zu sein. Er hatte Libby in die Augen geschaut, als hätte er kein schlechtes Gewissen. Nur eine Kleinigkeit hatte sie dazu gebracht, zweimal hinzuschauen – jener rasche Blick über die Schulter.

Vielleicht habe ich es mir nur eingebildet, dachte Libby. *Er scheint nichts zu verbergen zu haben.*

Trotzdem war ihr unbehaglich zumute, wenn sie an den Mann dachte. *Woran sollte ich mich erinnern?*, fragte sie sich. *An mein Gefühl, dass etwas nicht stimmt? Oder an sein Benehmen, als wäre alles in Ordnung?*

Als Libby die Anlegeplanke erreichte, luden Hafenarbeiter – Männer, die das Schiff be- und entluden – gerade schwere Kornsäcke auf die *Christina.* Libbys Magen knurrte vor Hunger, doch sie wusste, dass es bis zum Mittagessen noch eine Weile dauerte. Da sie größer als die meisten Mädchen in ihrem Alter war, fragte sich Libby manchmal, ob sie zusätzliches Essen benötigte, um satt zu werden. Sie wusste nur, dass es ihr nicht an Appetit fehlte. Sie war immer hungrig!

Libby beschloss, Calebs Großmutter aufzusuchen. Immer häufiger nannte auch Libby sie »Oma«.

Als Chefkonditorin arbeitete Oma in der Schiffsküche gerade vor einem der großen Schaufelräder. Ihr grau-weißes Haar war zurückgekämmt und auf ihrem Kopf zu einem Knoten zusammengebunden. Lachfältchen umgaben ihre Augen, die sie jung aussehen ließen.

Wie immer war Omas Küche blitzsauber. Wie gewöhnlich warf sie Samson einen Blick zu und sagte zu ihm: »Du kommst mir nicht in meine Küche.«

Samson schaute mit seinen großen braunen Augen auf, als bettelte er um Essen. Trotzdem schien er zu wissen, dass Oma die Chefin war. Er ließ sich auf den Bauch plumpsen und legte sich so nah wie möglich bei der Tür hin, ohne die Schwelle zu übertreten.

In der Küche war es warm, und es roch nach frisch gebackenen Keksen. Als Oma ein Blech aus dem Ofen nahm, beobachtete Samson all ihre Bewegungen. Mit heraushängender Zunge wartete er.

»Willst du helfen?«, fragte Oma Libby wie so oft. Als Oma ihr ein Blech reichte, legte Libby die Kekse zum Abkühlen auf ein Kuchengitter.

Mit schnellen Bewegungen ließ Oma ein weiteres Blech in den Ofen gleiten. Zu dieser Jahreszeit beförderte die *Christina* oft dreihundert Menschen, inklusive Besatzung. All diese Personen dreimal pro Tag mit Essen zu versorgen, gab Oma und ihren Helfern alle Hände voll zu tun.

Sobald die Kekse abgekühlt waren, füllte Oma einen Teller mit ihnen. »Warum teilst du die nicht mit Caleb und Jordan?«, schlug sie vor.

Libby fand die Jungen in der Nähe der Anlegeplanke, von wo sie den Hafenarbeitern zuschauten. Den Winter über hatten die Bauern die Lagerhallen in Prescott mit Weizen gefüllt, der dann auf dem Schiff zur Bahnlinie in Dunleith, Illinois, transportiert wurde.

»Ein Geschenk von Oma«, sagte Libby, als sie den Teller auf einer Lattenkiste hinstellte, auf der Caleb saß.

Die Haferflockenkekse waren größer als die meisten Kekse. Libby musterte den Teller. Es gab drei Kekse für alle, und einer von ihnen würde vier bekommen. Sie hätte nichts dagegen, wenn sie diejenige wäre, die vier bekam.

Ich hätte bereits auf dem Weg hierher einen Keks stibitzen sollen, dachte sie. Sie nahm einen Keks und biss hinein. »Mmmm«, meinte sie. »Oma ist die beste Köchin auf der ganzen Welt.«

Der Keks war immer noch warm in der Mitte, und Libby war sich sicher, dass sie noch nie etwas Leckereres gegessen hatte. »Greif zu, Jordan«, bot sie an.

Als Jordan einen Keks nahm, sprach einer der Deckhelfer Caleb an. Einen Augenblick lang hörte Caleb zu, dann sagte er zu Libby: »Bin gleich zurück.«

Nach fünf Minuten kam Caleb zurück und sagte: »Nun werde ich einen dieser großartigen Kekse essen.«

Doch als Libby nach dem Teller griff, war er leer!

Seiltricks

»Hey, Libby, was hast du gemacht – hast du den ganzen Teller leer gegessen?«, beschwerte sich Caleb.

Libby starrte ihn an. »Ich habe nur einen Keks gegessen.«

Caleb hielt den leeren Teller hoch. »Wie kann so ein dünnes Mädchen nur so viel essen? Wir müssen uns einen guten Spitznamen für dich ausdenken. Wie wär's mit einem Namen, der mit deinem roten Haar zu tun hat?«

Das regte Libby nur noch mehr auf. In der Schule in Chicago hatten die Jungen Hunderte Spitznamen für ihre roten Haare. Sie musste dem sofort ein Ende bereiten.

Als liebte sie ihr rotes Haar mehr als alles andere auf der Welt, zog Libby eine lange Strähne nach vorne. Hier auf dem Deck brachte die Sonne den goldenen Schimmer zum Vorschein.

»Ich habe schöne Haare, nicht wahr?«, fragte Libby, als hätte Caleb ihr ein Kompliment gemacht. »Aber ich habe *nicht* mehr als einen Keks gegessen. *Du* hast diese Kekse vom Teller geschmuggelt, als ich nicht hinsah.«

»Ich? Ich hatte nicht mal einen«, beharrte Caleb.

»Es ist schon in Ordnung, wenn du sie alle gegessen hast«, sagte Libby. »Sei einfach ehrlich.«

»Das bin ich«, erwiderte Caleb. »Ich hab keinen einzigen Keks gegessen. Frag Jordan, der wird's dir bestätigen.«

»Ah, jetzt wird mir alles klar.« Libby verlor langsam die Geduld. »Jordan, *du* hast hinter meinem Rücken alle Kekse gegessen.«

Doch Jordan schüttelte den Kopf. Auch er behauptete, nur einen Keks gegessen zu haben.

Libby blickte von einem zum anderen. »Ihr nehmt mich auf den Arm«, sagte sie. »Ihr tut nur so, als wüsstet ihr nicht, wo die Kekse sind.«

»Wir haben sie nicht genommen.« Caleb blieb standhaft. Seine blauen Augen schauten so unschuldig wie die eines Babys.

Plötzlich kicherte Libby. »Also wenn Samson hier wäre –« Libby drehte sich um und sah den großen schwarzen Hund über das Deck auf sie zukommen. »Er würde einen Teller voller Kekse ohne Weiteres in einem Bissen verschlingen!«

Libby starrte ihn an. Der Hund hatte keine Krumen an der Schnauze. »Samson, du hast sie nicht gefressen!« Seine lange Zunge fuhr jedoch hin und her, als leckte er sich das Maul. »Vielleicht doch?«

Statt zu Libby zu gehen, überraschte Samson sie, indem er sich nah an Jordan heranschmiegte. Auf dem Weg flussaufwärts hatten sich die beiden kennengelernt. Es sah so aus, als beschützte der Hund Jordan immer noch. Nachdem der große Junge ihn gestreichelt hatte, ging Samson zu Libby hinüber.

Sobald die Weizensäcke geladen waren, legte die *Christina* in den Mississippi ab für die Fahrt nach Dunleith, Illinois. Südlich von Red Wing war der Fluss erneut breiter und bildete den Lake Pepin. Auch hier beobachtete Libby, wie ein Schlepper ein Holzfloß zog. Der

Schlepper würde das Floß in Reads Landing lassen, erklärte Caleb. Von dort aus wiederum würde das Floß mit der Strömung nach Winona, Minnesota, oder LaCrosse, Wisconsin, Clinton oder LeClaire, Iowa, oder sogar bis Hannibal oder Saint Louis, Missouri, treiben.

Während des Abendessens sagte Kapitän Norstad Libby mit leiser Stimme: »Ein Passagier vermisst seine Taschenuhr.«

»Fragst du dich, was ich mich frage?«, fragte Libby. Sie musste immer wieder an den Mann denken, der in Stillwater an Bord der *Christina* gekommen war.

»Der Passagier meinte, dass die Kette, welche die Uhr hielt, ein loses Glied hatte. Vielleicht ist die Kette gerissen. Der Mann hat die Uhr möglicherweise verloren, als er das Schiff in Prescott verließ.« Doch als sie Papas ehrliche Augen sah, wusste Libby, dass er sich von etwas zu überzeugen versuchte, was er eigentlich nicht glaubte.

Als das Abendessen zu Ende war, folgte Libby Papa in seine Kajüte hinauf. Dort erzählte sie ihm von dem Mann, der ihr in dem Laden in Prescott aufgefallen war. »Ich sah, wie er die Anlegeplanke eines anderen Dampfschiffs hinaufging«, beendete sie ihren Bericht.

Nun realisierte Libby, dass sie vorsichtiger hätte sein sollen. Der Mann war vielleicht wieder zurückgekehrt und stattdessen an Bord der *Christina* gegangen.

»Falls der Mann nun das rote Hemd trägt, würde man ihn leicht finden«, antwortete Papa. »Den Fluss hinunter fahren die Holzarbeiter auf den Flößen. Doch wenn wir wieder flussaufwärts fahren, haben wir alle möglichen ›Rothemden‹ an Bord. Sie müssen zum Saint Croix River fahren.«

In der Hoffnung, herauszufinden, ob der Mann an Bord war, spazierten Papa und Libby über die *Christina.* Als sie niemanden ausmachten, der dem ausgebrochenen Häftling oder dem Mann, den Libby in Prescott gesehen hatte, glich, war Libby erleichtert. Doch dann dachte Libby daran, dass sich jeder, der nicht gesehen werden wollte, leicht hinter großen Frachtstücken verstecken oder zu einem anderen Teil des Schiffes schleichen konnte.

Schließlich fragte sich Libby, ob ihre Suche reine Zeitverschwendung gewesen war. Obwohl Papa nichts sagte, sah auch er so aus, als ob er dasselbe empfand.

»Weißt du, was mich beschäftigt?«, sagte Libby schließlich. »Falls der Mann, der in Stillwater an Bord geklettert ist, noch hier ist, scheint er recht klug zu sein. Und gefährlich dazu.«

Trotzdem fühlte sich Libby seltsam getröstet, weil sie mit Papa sprechen konnte. *Es hilft, wenn ich ihm sage, was mich beschäftigt*, dachte sie. *Es wirkt alles nicht mehr so bedrohlich.*

Libby war immer stolz auf ihren Vater, und in diesem Augenblick besonders. Wenn sie in seine dunkelbraunen Augen hochschaute, sah sie Papas Liebe zu ihr. Das erinnerte Libby an das Versprechen, das sie gegeben hatte, bevor sie wieder auf die *Christina* zog. »Ich will eine *Gibnie-auf-Familie*«, hatte sie Papa gesagt. »Eine Familie, die zusammenhält, auch wenn es schwierig ist.«

»Das ist die Art von Familie, die ich mir auch wünsche«, hatte Papa geantwortet. »Wir können diese Familie füreinander sein.«

»Mit nur zwei Leuten?«

Papa nickte. »Wenn wir einander nicht aufgeben.«

Nun ließ Libby ihre Hand in Papas Hand gleiten. »Es gefällt mir, Teil einer *Gib-nie-auf-Familie* zu sein«, sagte sie sanft.

»Noch mehr Probleme!«, informierte Papa Libby am nächsten Morgen. Die *Christina* hatte in Dunleith angelegt, gegenüber von Dubuque, Iowa, um die schweren Weizensäcke zu den Eisenbahnwaggons zu bringen. Als die *Christina* weiter flussabwärts fuhr, nahm Papa Libby mit, als er mit Caleb sprach.

»Ein Passagier vermisst einen Mantel und einen Hut«, teilte Papa ihnen mit. »So etwas lässt man nicht einfach fallen oder verliert es wie eine Uhr. Entweder ist der ausgebrochene Häftling an Bord, oder wir haben einen anderen Dieb.«

»Wie sehen der Hut und der Mantel aus?«, fragte Libby.

»Der Mantel ist lang und schwarz. Der Hut ist aus schwarzem Filz.«

»Das ist genau das, was die meisten Passagiere der Ersten Klasse auf diesem Schiff tragen!«

»Ich weiß.« Papa seufzte. »Und bestimmt weiß das der Dieb auch. Aber ich will, dass ihr beide etwas für mich tut. Ich glaube, dass der Dieb in die Kajüten der Ersten Klasse eindringt, während die Passagiere beim Essen sind. Meine Offiziere und ich müssen wie gewöhnlich an unserem Tisch sein. Wenn wir nicht da sind, versucht der Dieb vermutlich nichts.«

»Wir halten während der Mahlzeiten Wache«, versprach Caleb sofort.

»Aber jede Kajüte hat zwei Türen«, wandte Libby ein. »Der Dieb könnte die eine oder die andere benutzen.«

Auf dem Kesseldeck, wo die Passagiere der Ersten Klasse ihre Kajüten hatten, ging eine Tür zum Deck auf der Außenseite der *Christina*. Die andere Tür ging zur großen Hauptkajüte, in der die Mahlzeiten serviert wurden. Dieser riesige Raum erstreckte sich von einem Ende des Schiffes bis zum anderen und wurde auf beiden Seiten von Passagierkajüten umgeben.

Kapitän Norstad bat Libby und Caleb, auf einer Seite des Schiffes Wache zu halten. »Ich frage jemand anders für die andere Seite«, sagte er. »Bleibt zusammen und bleibt nicht stehen.«

Sie legten kurz bei Galena an, um Stahlträger für den Markt in Saint Louis aufzuladen. Kurz nachdem die *Christina* flussabwärts weiterfuhr, läuteten die Glocken zum Essen. Als die Passagiere aus ihren Kajüten in die Hauptkajüte kamen, begannen Libby und Caleb ihren Rundgang. Schnell überquerten sie das äußere Deck, gingen durch den dunklen Gang hinter dem Schaufelrad und wieder über das Deck. Als sie die Doppeltüren an der Vorderseite des Schiffes erreichten, blickten sie in den Speisesaal. An den Innenwänden befanden sich die Türen zu den Passagierkajüten.

Abgesehen vom Servierpersonal hatten alle ihre Plätze eingenommen. Die Leute, die das Essen servierten, trugen alle ein weißes Jackett. Falls irgendjemand anders aufstünde, würde diese Person Libby und Caleb sofort auffallen.

»Das macht es einfacher«, bemerkte Caleb. Er drehte

sich um und begann wieder dorthin zurückzugehen, wo sie begonnen hatten. Wortlos folgte Libby ihm.

»Was ist los?«, fragte Caleb, als sie wieder beim Schaufelrad angekommen waren.

Als Libby nicht antwortete, versuchte Caleb, ihr ihn die Augen zu schauen. Doch Libby blickte weg.

»Bist du immer noch böse wegen der Kekse?«, fragte Caleb. »Ich kann bei Oma noch mehr holen.«

Was für ein doofer Grund, sich aufzuregen, dachte Libby plötzlich. Sie blickte auf, bereit, mit Caleb Frieden zu schließen. Doch direkt hinter ihm, dort, wo die Passagiere sich oft aufhielten, entdeckte sie eine Zeitung, die über das Deck geweht wurde. Libby rannte, um die Seiten zusammenzusammeln.

Als Libby eine Schlagzeile auf dem ersten Blatt Papier sah, sog sie hörbar die Luft ein. Damit sie alle Seiten erwischte, bevor diese über Bord geblasen wurden, flitzte Libby hin und her und ordnete sie dann nach der Seitenzahl.

»Du vergisst, was dein Papa gesagt hat«, ermahnte Caleb sie. »Wir sollen nach einem Dieb Ausschau halten.«

»Dann schau du dich um«, sagte Libby. »Es ist die Zeitung von Stillwater! Jemand muss sie bei einem unserer Aufenthalte an Bord gebracht haben.«

Sobald Libby die Seiten sortiert hatte, blickte sie den langen Korridor außen an den Passagierkajüten entlang zurück. »Niemand zu sehen. Es ist ungefährlich«, meinte sie.

Libby kehrte zur ersten Seite zurück, um das Datum herauszufinden. »Es ist die Zeitung, die gestern herausgekommen ist, gleich nachdem wir abfuhren!«

»Komm, wir sollten nicht stehen bleiben.« Doch nun war auch Calebs Interesse geweckt.

Dann fand Libby, was sie suchte – den befürchteten Artikel. »Genau auf der Titelseite«, sagte sie. »Genau dort, wo es alle sehen.«

Als sie zu lesen begann, blickte Caleb ihr über die Schulter.

Weiterer Unfall an Stillwater-Hügel

Obwohl nicht auf Nelson's Grade, wo einst ein anderer schwerer Unfall geschah, zeigt die Beinahe-Tragödie dieser Woche ein wachsendes Problem auf – unseren Bedarf an Geländern an steilen Hügeln.

Weiter wurde im Artikel beschrieben, was geschehen war, doch Libby las die Schilderung kaum. Stattdessen sprang der Name *Jordan Parker* ihr ins Auge.

»Da!«, zeigte Libby. »Siehst du, als was die Zeitung ihn bezeichnet? Als Schiffsjunge auf der *Christina*. Und da! Jordans Unfall auf dem Weg nach Saint Paul ist auch erwähnt.«

Caleb nahm ihr die Zeitung aus der Hand.

»Du hast gesagt, du hättest dem Reporter nicht von Jordan erzählt!«, rief Libby aus.

»Richtig«, antwortete Caleb gelassen.

»Aber da steht es! Genau da!« Libby stach mit dem Finger beinahe ein Loch in die Zeitung. »Wie konntest du nur, Caleb? Nach allem, was du getan hast, um Jordan zu beschützen – wie konntest du das jetzt nur tun?«

»Das war ich nicht«, sagte Caleb.

»Wer dann?«

Caleb dachte darüber nach. »Nate könnte etwas gesagt haben, aber wir haben ihm nicht erzählt, was mit Jordan auf dem Weg nach Saint Paul passiert ist.«

Irgendwie brachte Libby das sogar noch mehr aus der Fassung. »Ich weiß«, sagte sie. »Ein Reporter ist wie ein Detektiv. Er bekommt Informationen von verschiedenen Seiten und dann fügt er alle Teile zusammen.«

»Oh, Libby, beruhige dich«, meinte Caleb.

Stattdessen wurde Libbys Stimme laut vor Zorn. »Du hast Jordan verraten! Deinetwegen steht sein Name nun in der Zeitung, wo er doch ein entlaufener Sklave ist!«

»Es steht nichts darüber drin, dass Jordan ein entlaufener Sklave ist.«

»Aber er könnte daran gehindert werden, seine Familie zu befreien! Irgendjemand könnte alles zusammenfügen, genauso wie der Reporter. Es ist eine große Belohnung auf Jordans Kopf ausgesetzt!«

»Pssst!«, warnte Caleb. »*Du* wirst Jordan verraten.«

Plötzlich schaute Libby auf. Hinter Caleb, um die Ecke herum, bewegte sich etwas.

Nicht etwas, dachte Libby. *Jemand.*

Sofort rannte sie los, über das Deck hinter der Person her. Im dunklen Gang zwischen dem Schaufelrad und den Passagierkajüten verschwand die Person.

Als Libby die nächstgelegene Kajüte erreichte, hämmerte sie an die Tür, doch niemand öffnete.

Libby hämmerte erneut. »Habe ich die richtige erwischt?«, fragte sie, als Caleb sie einholte.

Genau in diesem Augenblick öffnete sich die Tür. Eine zierliche alte Dame spähte heraus. »Ja?«, fragte sie mit vor Angst zittriger Stimme.

»Es tut mir leid«, sagte Libby schnell. »Ich bin durcheinander.«

Sie rannte den Gang entlang und hob die Hand, um an der nächsten Tür zu klopfen.

Nun wurde Caleb wütend und hielt sie zurück. »Libby, das kannst du nicht machen!«

»Warum nicht?«

»Du wirst alle echten Passagiere auf dem Schiff deines Papas erschrecken. Und der Dieb, den du fangen willst, wird dir nicht öffnen.« Er nahm ihre Hand und zerrte Libby weg.

Als sie das vordere Sturmdeck erreichten, war es immer noch leer. Caleb führte Libby zur Reling. Dort blieb er stehen.

»Ich will dir mal was sagen.« Calebs Stimme war kalt vor Wut. »Wir haben es gerade versäumt, den Dieb zu fangen, von dem dein Papa wollte, dass wir ihn finden. Das war er wahrscheinlich, auf Diebeszug.«

Libby stand da und spürte, wie sich ihr die Kehle zuschnürte. Obwohl sie es nicht zugeben wollte, wusste sie, dass Caleb recht hatte.

»Außerdem habe ich Jordan nicht verraten. Ich habe seinen Namen nicht genannt, und der Reporter hat nicht erwähnt, dass Jordan ein entlaufener Sklave ist.«

Erneut wusste Libby, dass Caleb recht hatte. Sie drehte sich weg, da sie Calebs zornige Augen nicht mehr aushielt. Doch er war noch nicht fertig.

»Abgesehen von den Leuten, denen wir vertrauen, wusste niemand, dass Jordan kein freier Schwarzer ist. Niemand wusste, dass er ein entlaufener Sklave ist – dass eine Belohnung auf ihn ausgesetzt ist. Aber du hast so laut gesprochen, dass jeder, der wollte, es hören konnte. Wenn der Mann, der dich gehört hat, bereits ein Dieb ist, wird es ihm ein Leichtes sein, herauszufinden, was zu tun ist.«

Von tief unten kamen Schluchzer in Libby hoch. Sie wollte am liebsten einfach losheulen und Caleb sagen, wie leid es ihr tat. Doch als sie sich zu ihm zurückdrehte, strömten nur ärgerliche Worte heraus. »Caleb Whitney, es ist mir egal, was du denkst!«

»Ich gehe jetzt«, erwiderte er, immer noch mit kalter, verärgerter Stimme. »Ich suche jetzt für deinen Vater den Dieb, obwohl ich mir sicher bin, dass ich ihn nicht finden werde.«

Wortlos folgte Libby Caleb um das Kesseldeck herum. Doch sie wusste, dass es keinen Zweck hatte. Schlimmer noch: Caleb würde nicht einmal in ihre Richtung blicken.

Als die zweite Schicht des Abendessens endlich zu Ende war, packte Libby die Zeitung und eilte die Treppen hinauf. Als sie schließlich bei ihrer Kajüte auf dem Texasdeck ankam, wurde ihre Sicht von Tränen getrübt. *Caleb hasst mich*, dachte sie. Doch das war nicht das Schlimmste. Libby hasste sich nun selbst.

Wie konnte ich nur so laut über ein so wichtiges Geheimnis sprechen? Libby seufzte vor sich hin. Von ganzem Herzen wollte sie, dass Jordan seine Freiheit behielt. Von ganzem Herzen wollte sie Jordans Familie helfen. Stattdessen hatte sie alles mit ein paar wütenden Worten zerstört.

Mein Traum, dachte Libby. Nun wusste sie, dass es nur ein Traum gewesen war. *Mein Traum war, Jordans*

Familie und anderen Familien in ähnlichen Situationen zu helfen. Nun war der Traum aus, wie Wasser, das auf Felsen stürzt und dann verschwindet.

Caleb wird mir nie mehr vertrauen! Und Jordan – wenn Jordan es herausfindet, hasst er mich bestimmt dafür!

Erneut begann Libby zu weinen. Sie schluchzte immer noch, als sie einschlief.

Als Libby aufwachte, hatte sie keine Ahnung, wie spät es war. Sie wusste nur, dass es mitten in der Nacht sein musste. Einen Augenblick lang lag sie da und fragte sich, was sie aus ihrem tiefen Schlaf geweckt hatte. Ihre Augen fühlten sich geschwollen an. Sie fragte sich, was schiefgelaufen war.

Dann erinnerte sie sich. *Jemand hat gehört, wie ich Jordans Geheimnis verraten habe. Jemand, dem wir wahrscheinlich nicht vertrauen können. Wer auch immer der Mann ist – er weiß jetzt, dass Jordan ein entlaufener Sklave ist!*

In ihrem Elend schrie Libby zu Gott. »Ich habe dir doch gesagt, dass ich dich liebe. Ich habe dich um Vergebung gebeten. Wie kannst du nur zulassen, dass mir das nun passiert?«

Mit wachsender Wut schlug Libby mit den Fäusten auf die Matratze. *Ich dachte, dass das Leben einfacher wäre, wenn ich Christ werde. Dass ich alles richtig sagen und machen würde. Ich wollte etwas Gutes tun – Jordans Familie helfen. Stattdessen habe ich alles vermasselt!*

Genau in diesem Augenblick knurrte Libby der Magen. *Und außerdem bin ich hungrig!*

Bilder von Essen begannen in Libbys Kopf herumzutanzen. *Einen Apfel. Wo kann ich einen Apfel herbekommen?* Libby wusste es nicht. Dann erinnerte sie sich an Omas große Haferflockenkekse. Oma hatte ihr gezeigt, wo sie waren, für den Fall, dass sie hungrig werden sollte.

Als Libbys Füße den Boden berührten, bemerkte sie, dass sie in ihren Kleidern eingeschlafen war. Erst jetzt erinnerte sich Libby daran, dass sie gestern Abend so aufgebracht gewesen war, dass sie zum ersten Mal in ihrem Leben kein Abendessen gegessen hatte.

Diesmal hatte Libby Angst, ohne Samson auf dem Schiff herumzulaufen. Sie öffnete die Tür auf der Seite, auf der Samson schlief. Sofort stand der große schwarze Neufundländer auf. Als spürte er, wie Libby sich fühlte, kam er ganz nah und schmiegte sich an sie.

Auf dem ganzen Weg zu Omas Küche folgte Samson Libby dicht auf den Fersen. Dort suchte sich Libby sechs riesige Kekse heraus – drei für sich und drei für Samson.

Libby nahm die Kekse mit und ging zur Vorderseite des Schiffes. Am oberen Ende der breiten Treppe setzte sie sich im Schatten hin. Erneut kam Samson nah zu ihr, wie um sicherzustellen, dass es Libby gut ging. Er ließ sich auf die Treppenstufe neben ihr fallen und streckte sich aus. Jedes Mal, wenn Libby einen Keks verschlang, schob sie Samson auch einen zu.

Von hier blickte Libby über den Bug der *Christina* hinunter. Als sich ihre Augen an die Dunkelheit gewöhnten, starrte sie nach vorne auf das dunkle Wasser und die noch dunkleren Bäume, die das Ufer säumten. Ein scharfer Wind hatte eingesetzt, und die kühle Nachtluft fühlte sich nach der Wärme des Tages gut an.

In der Nähe der Stelle, an der die Anlegeplanke normalerweise ausgefahren wurde, hing eine Laterne an einem Pfosten und gab einen schwachen Schein ab. Auf dem Vorderdeck lagen Besatzungsmitglieder und Deckpassagiere auf Lattenkisten, Fässern und Holzstößen – was auch immer sie gerade als Schlafplatz fanden.

Als die Fahne im Wind flatterte, dachte Libby an Jordans Befreiungsaktion für seine Familie. Es war schwer vorstellbar, dass er und Caleb das Schiff in nur wenigen Stunden verlassen würden. Doch Libby wusste nicht einmal, wo sie dies tun würden. *In Burlington, Iowa? Keokuk, Iowa? Wo gehen sie von Bord?*

Auf dem Weg den Fluss hinauf war Caleb in beiden Ortschaften ausgestiegen. Doch während der ganzen Zeit hatten Caleb und Jordan nie in Gegenwart von Libby miteinander gesprochen, wenn sie Pläne schmiedeten.

Sie sind kein Risiko eingegangen, dachte Libby und wurde erneut wütend auf sich selbst. *Vielleicht wusste Caleb, dass ich kein Geheimnis für mich behalten kann.*

Nun war sich Libby einer Sache ganz gewiss. Sie würden ohne sie gehen. Sie hatte nicht einmal mehr ein Fünkchen Hoffnung, dass sie die beiden begleiten konnte.

Als Libby die Kekse aufgegessen hatte, wurde sie schläfrig. Sie gähnte einmal, dann noch einmal und entschied sich dann, lieber wieder ins Bett zurückzugehen. Plötzlich bog am unteren Ende der Treppe eine große Gestalt um die Ecke. Leise ging sie über das Vorderdeck zum Bug des Schiffes. Einen Augenblick lang blieb die Person reglos dort stehen und starrte nach vorne, genauso wie Libby zuvor.

Dann richtete sie sich auf. Sie straffte die Schultern und hob die Arme. Mit ausgestreckten Armen zeigten die Hände zum Himmel. Die Person stand aufrecht da und streckte sich, so hoch sie konnte.

Plötzlich wusste Libby, wer es war. *Jordan.*

In der ersten Nacht, als er an Bord kam, hatte Jordan seine Arme in die Höhe gestreckt, als feierte er seine Freiheit. Dachte er daran, was es bedeutete, frei unter einem sternenübersäten Himmel zu stehen?

Nach einer Weile senkte Jordan die Arme. Doch er stand still da, so als wollte er die kühle Nachtluft – die Luft der Freiheit – auf seinem Gesicht spüren.

Genau in diesem Augenblick hob ein Mann, der auf einer Lattenkiste lag, den Kopf und setzte sich auf. Als Jordan sich vom Bug wegdrehte, legte sich der Mann schnell wieder hin. Doch der dunkle Umriss seines Körpers hatte sich bewegt. Der Mann lag nun auf der Seite, sodass er Jordans Bewegungen beobachten konnte.

Zwischen den schlafenden Leuten hindurch fand Jordan einen Weg über das Deck zurück. Näher und näher kam er zu der Treppe, auf der Libby wartete. Hinter Jordan setzte sich der Mann auf der Lattenkiste wieder auf. Geräuschlos stand er auf und folgte Jordan.

Plötzlich schoss der Arm des Mannes hoch. Eine Seilschlinge schwirrte durch die Luft. Sie flog Jordan über den Kopf und legte sich um seine Brust.

Das Seil wurde fest zusammengezogen und zwang Jordan mit einem Ruck zum Halten. Als er sich bemühte freizukommen, kam der Mann auf ihn zu.

Schlechte Neuigkeiten

Von Schrecken erfüllt sprang Libby auf die Füße. Samson ließ ein tiefes Knurren ertönen. »Wau!« Im nächsten Augenblick rannte er die Treppe hinunter.

Genau in diesem Augenblick konnte Jordan seinen rechten Arm befreien. Als der Mann zu ihm hintrat, stieß Jordan ihm mit einer schnellen, heftigen Bewegung den Ellbogen in den Bauch. Ein *Uff!* durchbrach die Stille der Nacht.

Mit einem weiteren schnellen Ruck riss Jordan dem Mann das Seil aus der Hand. Jordan hielt das Seil fest und rannte auf die Treppe zu. Er nahm zwei Stufen auf einmal und rannte an Libby, die immer noch im Schatten stand, vorbei.

Panikerfüllt blickte Libby auf das Deck zurück. Der Mann war bereits verschwunden.

Als Samson zu ihr zurückkam, atmete Libby tief erleichtert auf. *Jordan ist in Sicherheit – wenigstens im Augenblick.* Das Ganze hatte sich so schnell abgespielt, dass es unwirklich erschien.

Doch einer Sache war sich Libby ganz sicher. *Das war der Mann, der mir zugehört hat. Wer auch immer er ist – er hat nach einer Gelegenheit Ausschau gehalten, Jordan zu fangen und die Belohnung einzustreichen.*

Es gab keine andere Erklärung für den Mann an Deck. Zweifellos wusste Libby, was sie Schreckliches angerichtet hatte. *Dies ist Jordan wegen MIR passiert.*

Libby ließ sich erneut auf die Treppenstufe fallen und vergrub den Kopf im Schoß. Tief innen spürte sie einen großen Klumpen, als hätten ihre Gefühle einen Knoten gebildet, wegen der schrecklichen Szene, die sie gerade beobachtet hatte. Samson stieß Libby mit der Schnauze an und leckte ihr den Arm, doch Libby beachtete den Hund nicht. *Ich habe ein Geheimnis verraten, das ich hätte für mich behalten sollen.*

Als sie schließlich den Kopf hob, wusste Libby eines: *Ich schaffe das nicht selber. Ich muss mit jemandem sprechen.*

Einen Augenblick lang wünschte sie sich, sie könnte mit Mama darüber sprechen. Als sie den einsamen Schmerz beiseiteschob, der immer hochkam, wenn sie an ihre Mutter dachte, dachte Libby an Calebs Großmutter. Inzwischen war sie bestimmt wach, um Brote fürs Frühstück zu backen.

Und tatsächlich: Sie fand Oma in der Kombüse.

»Was ist los?«, fragte Oma, sobald sie Libby sah.

Nachdem Libby sich auf einen Stuhl fallen ließ, sprudelten ihre Worte heraus. »Ich habe ein Geheimnis verraten«, sagte sie.

»Manche Geheimnisse sollte man auch nicht für sich behalten«, erwiderte Oma. »Was, wenn jemand etwas Falsches tut und sagt, du darfst es niemandem erzählen? War es diese Art Geheimnis?«

»Nein, Oma.« Libby schämte sich. »Es war die Art Geheimnis, die man hätte für sich behalten sollen.«

Als Oma Blech für Blech mit Brotteig füllte, erzählte Libby die ganze Geschichte. Sie begann damit, was geschehen war, als sie und Caleb hätten Wache halten sollen. Sie endete damit, dass ein Mann ein Seil über Jordan geworfen hatte.

»Ich bin schuld«, sagte Libby.

Oma seufzte. »Ich sage es nicht gern, aber ich denke, du hast recht. Alles passt zusammen. Es war dunkel an Deck. Niemand sonst schaute zu. Niemand, der gegen Sklaverei ist, sah, dass Jordan erwischt wurde. Der Mann musste Jordan nur verstecken und vom Schiff bringen, wenn wir in einen Sklavenstaat kommen.«

»Es tut mir leid, Oma«, sagte Libby. »Es ist schrecklich, so ein wichtiges Geheimnis zu verraten.«

»Ja.« Oma war ehrlich diesbezüglich. »Du hast Jordan und seiner Familie geschadet. Und außerdem hast du ganz viele Leute in Gefahr gebracht. Verstehst du, wie die ›Untergrundbahn‹ funktioniert?«

»Ich glaube schon«, meinte Libby.

Doch Oma fuhr fort: »Stell dir einmal vor, was geschähe, wenn ein Sklavenfänger beobachten würde, wie ein entlaufener Sklave an einem ›Bahnhof‹ ankommt – in einem Haus, in dem Leute entlaufene Sklaven verstecken. Der Sklavenfänger schlägt vielleicht nicht gleich zu. Er könnte still beobachten und warten, bis der Sklave zum nächsten ›Bahnhof‹ weitergeht und dann zum nächsten und zum nächsten. Falls der entlaufene Sklave und die Leute, die ihm halfen, ihr Tun nicht verheimlichten, würde ein Sklavenfänger bald eine ganze Route kennen. Und er würde die Schaffner kennen – die Leute, die wie Caleb entlaufene Sklaven von einem ›Bahnhof‹ zum nächsten bringen.«

Diese Vorstellung verärgerte Oma so sehr, dass ihre Augen zornig blitzten. Sie wischte sich das Mehl von der Hand und setzte sich neben Libby auf einen Stuhl.

»Die ›Untergrundbahn‹ funktioniert nur unter Geheimhaltung, Libby. Ich kenne die Leute, die entlaufene Sklaven zu mir schicken. Ich weiß, wie ich sie zur nächsten Person bringe. Mehr *muss* ich nicht wissen. Jemand wie Caleb kennt viel mehr Leute und Orte. Doch wahrscheinlich kennen nur wenige Leute die Hauptrouten durch Iowa.«

»Du weißt nur, was du wissen musst«, sagte Libby langsam.

»Es ist besser so«, erwiderte Oma. »Sonst, falls jemand etwas verrät, könnten ganz viele Leute zu Schaden kommen.«

Libby scheute sich davor, Oma ihren Traum zu erzählen, doch es brach aus ihr heraus. »Ich wollte Jordans Familie helfen. Ich will vielen flüchtigen Sklaven helfen. Aber schau dir an, was ich getan habe!«

Libby dachte nicht mehr, dass sie alles tun konnte, was sie sich vornahm. Stattdessen wusste sie, wie leicht sie versagen konnte. Deshalb schien es noch schwieriger, Teil der »Untergrundbahn« zu werden – oder sogar unmöglich.

Plötzlich wünschte sich Libby, sie könnte die erste Eisenbahn nach Chicago nehmen. *Ich will zu Tante Vi zurück. Ich will dorthin zurück, wo das Leben einfacher ist, auch wenn es nicht so aufregend ist.*

Oma bedeckte die Bleche mit Tüchern und setzte sich danach wieder hin. »Du willst davonlaufen, stimmt's?«, fragte sie, als ob sie Libbys Gedanken erraten hätte. »Du würdest am liebsten aufgeben und das ganze Sklavenproblem vergessen.«

Libby starrte sie an. »Woher weißt du das?«

»Weil ich oft dasselbe gedacht habe. Es wäre so viel einfacher, nicht hineingezogen zu werden. Ich müsste beim Sprechen nicht auf jedes Wort achten. Ich müsste mir nicht so viele Sorgen um Caleb machen.«

»Du machst dir Sorgen?«, fragte Libby.

»Ich habe oft Angst um ihn«, antwortete Oma. »Caleb ist mein einziger Enkel.«

»Warum lässt du ihn dann bei der ›Untergrundbahn‹ mitmachen?«

Als Oma sprach, wusste Libby, dass sie schon oft darüber nachgedacht hatte. »Wir müssen uns alle einmal entscheiden, was wir glauben«, erklärte Oma. »Wir wissen nicht, inwiefern es unser Leben oder unsere Lieben beeinflussen wird. Als ich meine Entscheidung traf, sagte ich zu mir selbst: ›Sklaverei ist für alle Menschen falsch. Ich werde tun, was ich kann, um die Situation zu ändern.‹«

»War das schwierig für dich – ich meine, zu Beginn?«

»Es ist immer noch schwierig.« Omas Lächeln reichte bis zu ihren Augen. »Weißt du, ich war vor Caleb ein Teil der ›Untergrundbahn‹. Deshalb ist Caleb überhaupt dabei. Er war erst neun Jahre alt, doch er hat mitbekommen, was ich tat.«

»Er hat also deine Entscheidung zu seiner gemacht.«

»Er hat sich unabhängig von mir dafür entschieden«, erklärte Oma. »Aber ich weiß nicht, ob er sich dafür entschieden hätte, wenn ich nicht diese Wahl getroffen hätte.«

»Komisch«, meinte Libby. Sie dachte an den Tag zurück, an dem Caleb sie zur Sklavenversteigerung in Saint Louis mitgenommen hatte. »Ich hätte nicht helfen wollen, wenn mir Caleb nicht die Augen geöffnet hätte.«

Oma nickte. Auch das verstand sie. »Seit ich mich dafür entschieden habe, Sklaven auf der Flucht zu helfen, hat sich mein Leben verändert. Ich war nicht bei allem, was ich versucht habe, erfolgreich. Doch ich habe bisher keinen einzigen ›Passagier‹ verloren.«

»Das meine ich.« Tränen stiegen Libby wieder in die Augen. »Ich habe bereits versagt. Ich habe Jordan sogar in Lebensgefahr gebracht.«

»Hast du Gott gesagt, dass es dir leidtut?«, fragte Oma.

Libby schüttelte den Kopf. »Er liebt mich nicht.«

»Oh, Libby!«, rief Oma aus. »Warum denkst du das?«

Libby fand das schwierig zu erklären, doch als sie es versuchte, stürzten die Worte nur so heraus. »Ich dachte, wenn ich Christ werde, würde ich immer das Richtige sagen und tun. Stattdessen –« Libby brach ab, da sie nicht mehr weitersprechen konnte.

Als sie zu weinen begann, wandte sie sich von Oma ab. Doch Omas Arme umgaben sie und hielten sie fest. Als sie schließlich mit Weinen aufhörte, war Omas Stimme ganz weich.

»Es gibt ein Geheimnis, das du wissen musst, Libby. Nur weil du Christ bist, bedeutet das nicht, dass dein Leben einfacher wird oder dass du keine Fehler mehr machen wirst. Aber wenn du Gott bittest, dir zu helfen, wird Er dir durch alles hindurchhelfen.«

»Dann wird alles gut werden?«

»Nicht ganz«, sagte Oma. »Manchmal müssen wir mit den Konsequenzen unserer Taten leben.«

»Du meinst, Jordan und seine Familie müssen vielleicht trotzdem leiden wegen dem, was ich getan habe.«

Oma nickte. »Ich fürchte schon.«

»Und ich kann gar nichts tun, um das zu ändern?«

»Bete«, meinte Oma. »Schau, ob Gott daraus etwas Gutes entstehen lässt. Okay?«

Für Libby war es schwer vorstellbar, dass durch das, was sie getan hatte, etwas Gutes entstehen konnte. Aber wenn Oma das meinte, war es *vielleicht doch* wahr.

Als Libby aufstand, um zu gehen, hatte sie keine Angst mehr, Oma in ihre blauen Augen zu schauen. »Danke«, sagte Libby leise. Sie ließ die Schultern nicht mehr hängen und hielt den Kopf ein bisschen höher. *Vielleicht verstehe ich Jordans stolzes Auftreten ein wenig besser. Er ist nicht auf die falsche Art stolz. Er weiß einfach, wie Gott ihm helfen kann.*

Als Libby auf das Deck hinaustrat, war der Himmel im Osten rosarot. *Ein neuer Tag*, dachte Libby. Sie atmete tief ein. Die frische Morgenluft tröstete ihr Herz. *Vielleicht ist das Wichtigste am Versagen das, was ich daraus lerne.*

Es war noch zu früh am Morgen, um die Sache mit Caleb und Jordan in Ordnung zu bringen, doch Libby dachte bereits weiter. *Okay. Ich kann also nicht auf diese Reise gehen. Aber ich werde davon ausgehen, dass Jordans Familie sicher hier ankommen wird. Wenn sie kommen, was brauchen sie dann?*

Als Libby das Texasdeck erreicht hatte, bemerkte sie, dass Samson ihr immer noch auf Schritt und Tritt folgte. Während er mit seiner großen Schnauze in seinem großen Wassernapf herumfuhr, öffnete Libby ihre Kajütentür. Beim Anblick ihrer Bettdecken wusste sie, was sie tun konnte. Sie hatte die Decken schon einmal verschenkt. Nun waren sie zurück, gewaschen und sauber – und schienen nur auf jemanden zu warten, der sie nötiger hatte als sie.

Erneut dachte Libby voraus. Es könnte schwierig sein, Jordans Familie an Bord und ins sichere Versteck zu bringen. Wenn sie kamen, konnten sie nass sein und es konnte ihnen kalt sein vom Gehen im Regen. Was, wenn es unmöglich war, ihnen etwas Warmes zu bringen?

Jetzt wäre eine gute Zeit, dachte Libby. *Die meisten Passagiere schlafen noch. Doch wie kann ich die Decken tragen, sodass niemand errät, was ich tue?*

Mehrmals hatte Caleb sie schon gewarnt, dass Sympathisanten der Südstaaten an Bord waren – Leute, die die Sklaverei unterstützten. Einer von ihnen war Herr Bates, der Erste Offizier. Allein schon der Gedanke an ihn zog Libby vor Schreck den Magen zusammen. Aber da war noch ein größeres Problem: der Mann, der Jordan in der Nacht gefangen nehmen wollte – und Libby wusste nicht, wer er war.

Dann erinnerte sich Libby daran, dass ihr Vater warme Decken aus Wolle hatte. Sie musste zweimal laufen, um ihre Steppdecken und seine Decken zu tragen. Das bedeutete eine doppelt so hohe Wahrscheinlichkeit, gesehen zu werden.

Libby ging aufs Deck hinaus und schaute sich um. Während sie versuchte zu entscheiden, was sie tun wollte, stieß Samson an seinen leeren Futternapf. Mit einem leisen *Wuff!* erinnerte er sie daran, dass er hungrig war.

Plötzlich lachte Libby. Neufundländer waren bekannt dafür, dass sie Lasten tragen halfen. »Keine Sorge, du bekommst bald Futter«, sagte sie zu Samson. »Aber du musst dafür arbeiten.«

Libby befahl dem Hund zu bleiben und raste dann die Treppen hinunter. Im Maschinenraum holte sie Seile und rannte die Treppe wieder herauf. Schnell rollte sie ihre Steppdecken so eng wie möglich zusammen und band die Seile darum. In Papas Kajüte tat sie dasselbe mit seinen Decken.

Auf seinem Bett hinterließ sie eine Notiz:

Ich brauche deine Decken, Papa. Kannst du in Saint Louis Steppdecken und Decken für uns beide kaufen?

Als sie wieder draußen war, legte Libby die Decken ihres Vaters Samson auf den Rücken. Sorgfältig verteilte sie die Last so, dass es für den Hund nicht schwierig werden würde, damit auf den Treppen zu laufen. »Sobald wir fertig sind, kriegst du dein Futter«, versprach Libby.

Libby ging die wenigen Stufen vom Texasdeck zum Sturmdeck hinunter, dann die lange Treppe zum Kesseldeck. Samson folgte ihr, als täte er dies jeden Tag. Auf dem Hauptdeck schließlich ging Libby in den Frachtraum hinter der Treppe. In der Nähe der Tür, die in den Maschinenraum führte, befand sich eine kleine, aber schwer aussehende Maschine. Um ihr scheinbar mehr

Stabilität zu geben, war die Maschine auf einem Holzstück befestigt.

Libby blickte verstohlen um sich. *Niemand in Sicht.*

Mit vor Eile ungeschickten Fingern band Libby die Decken los. Sie kniete sich hin und drückte gegen den hölzernen Sockel unter der Maschine. Als sie sich zur Seite bewegte, zog Libby die Falltür darunter auf. Schnell warf sie Papas Decken ins Loch hinunter. Mit einem dumpfen Geräusch landeten sie auf dem Boden des Schiffsrumpfs, etwa anderthalb Meter weiter unten.

Genauso schnell schloss Libby die Öffnung und zog die Maschine wieder an ihren Platz zurück. Als sie aufstand, hörte sie Schritte. Libby stellte sich schnell neben Samson hin, dann ging sie weiter. Einen Augenblick später erschien Herr Bates.

»Guten Morgen, Fräulein Libby«, grüßte er.

»Guten Tag, Herr Bates«, erwiderte Libby.

»Du bist früh auf, was? Gehst du mit deinem Hund spazieren?«

Libby schluckte, und ihr fiel ein, dass sie nicht lügen sollte.

»Sehen Sie, wie er lernt, mir zu gehorchen?«, fragte sie stattdessen. Sie befahl Samson zu bleiben und ging auf die Tür zu, die auf das Vorderdeck führte. Dort drehte sie sich um und rief.

Samson kam sofort zu ihr, woraufhin Libby weiterging. Trotz des kühlen Morgens war ihr ganz warm geworden, so nervös war sie.

Noch eine Ladung, dachte sie und bekam ein mulmiges Gefühl beim Gedanken daran.

Wieder auf dem Texasdeck angekommen, lud sie

dem Neufundländer ihre Steppdecken auf den Rücken. »Ich bringe dir bei, Lasten zu tragen, Samson«, sagte sie. »Denk dran, wenn jemand fragt.«

Erneut machte Libby sich auf den Weg. Als sie auf das Kesseldeck kam, traf sie Passagiere der Ersten Klasse an, die aus ihren Kajüten kamen, um sich Bewegung zu verschaffen. Mehrmals lächelte ihr und Samson jemand zu. Libby winkte jeweils kurz und lächelte zurück, ließ sich jedoch nicht aufhalten.

Als sie wieder auf dem Hauptdeck ankam, schaute Libby sich um. Tatsächlich: Bates stand da, als wartete er auf sie. Statt in den Frachtraum abzubiegen, ging Libby um die Ecke auf das Seitendeck. Überall dort, wo genügend Platz war, ging sie durch, rief Samson, dass er ihr folgen sollte, und lobte ihn, wenn er es tat.

»Guter Hund. Guter Junge, Samson. Du lernst schnell«, sagte Libby laut genug, sodass Bates es hören konnte.

Mindestens fünfzehn Minuten lang wartete Libby darauf, dass der Erste Offizier sich entfernte. Schließlich suchte sie Omas Küche auf, um Samson sein Futter zu geben. Als er alles aufgefressen hatte, ging Libby zum Vorderdeck zurück.

Zu ihrer Enttäuschung war Bates immer noch dort. Jedes Mal, wenn sie in seine Richtung spähte, sah Libby, wie er sie beobachtete. Schließlich schien er es leid zu sein, sie zu beobachten. Doch als er die Treppen hinaufging und das Kesseldeck erreichte, drehte er sich um. Kurz bevor er durch die Tür in die Hauptkajüte trat, drehte er sich erneut um. Diesmal lächelte Libby und winkte.

Bates war zu vornehm, um zurückzuwinken. Mit geradem Rücken und steifen Schultern marschierte er in den Speisesaal.

Sobald er verschwunden war, eilte Libby in den Frachtraum. Mit zitternden Fingern löste sie die Steppdecken. Erneut blickte sie um sich, um sicherzugehen, dass niemand sie beobachtete. Erneut schob sie die Maschine beiseite und zog die geheime Falltür auf.

Als sie eine Steppdecke nahm, um sie ins Loch hinunterzuwerfen, hörte sie, wie sich eine Tür öffnete.

Jordans neuer Plan

Libby schlug das Herz bis zum Hals. Sie wirbelte herum und starrte die zwei Leute an, die bei der Tür zum Maschinenraum standen. Im dämmrigen Licht war es schwierig, ihre Gesichter auszumachen.

Dann sprach eine Person. »Was machste denn da, Libby?«

Libby sackte vor Erleichterung zusammen. Sogar ihre Knie fühlten sich schwach an. »Du hast mich erschreckt, Jordan. Ich bringe Decken für deine Familie.« Obwohl sie nie darüber gesprochen hatten, war sich Libby sicher, dass Jordan von dem Versteck für entlaufene Sklaven wusste.

»Ich dank dir, Libby«, sagte Jordan.

Als Caleb vortrat, war Libby wütend. »Verfolgt ihr mich jetzt etwa?«

Es verärgerte Libby. Wenn es für Caleb und Jordan so einfach war herauszufinden, was sie tat, wie sah es denn für jemand anders aus – jemand, der es nicht wissen sollte?

Libby packte die Decken, warf sie durch die Luke, schloss die Falltür und schwenkte die Maschine wieder an ihren Platz zurück. Samson folgte ihr, als sie davonstolzierte.

»Warte, Libby!«, rief Caleb.

»Worauf?« Libby hatte bereits vergessen, dass sie etwas mit Caleb und Jordan in Ordnung bringen wollte. Statt ihr zu helfen, die Decken zu verstecken, hatten die

Jungen sie beobachtet und verfolgt und sie dabei auch noch erschreckt.

Als sie die Tür zum Deck erreichte, holte Caleb sie ein. »Wir müssen reden«, sagte er.

»Ich muss reden«, meinte Libby. »Ihr müsst zuhören. Aber nicht jetzt.«

»Doch, jetzt!«, erwiderte Caleb. »Wir gehen bald los.«

»Zur Befreiungsaktion?« Libby graute davor, aber gleichzeitig freute sie sich auch darauf.

Als Caleb voranging, folgte Libby ihm zum Sturmdeck hinauf. Dort war es immer noch still, und die drei konnten sich hinsetzen und sich in Ruhe unterhalten.

»Du zuerst, Libby«, sagte Caleb.

Obwohl Libby sich aussprechen wollte, war die Situation nicht so, wie sie es sich vorgestellt hatte. Immer noch mit klopfendem Herzen begann Libby zu erklären. »Jener Mann auf dem Deck gestern Nacht – derjenige, der ein Seil um Jordan geworfen hat –«

»Du hast ihn gesehen?«, fragte Caleb. »Wir wollten dir gerade von ihm erzählen.«

»Es tut mir leid, Caleb«, sagte Libby. »Es tut mir leid, dass ich ausgerastet bin und die falschen Dinge gesagt habe und so laut gesprochen habe.«

Doch Libby wusste, dass es hier um viel mehr als nur um einen Streit zwischen ihnen beiden ging. Caleb war nicht irgendein Junge. Seit er neun Jahre alt war, hatte er seine eigene Sicherheit aufs Spiel gesetzt wegen seiner Überzeugungen bezüglich der Freiheit der Sklaven. Er hatte sich einen Namen gemacht als jemand, dem man vertrauen konnte.

Libby spürte einen Kloß im Hals und schluckte schwer. »Es tut mir vor allem leid, dass ich ein Geheimnis verraten habe.«

Als sie sich Jordan zuwandte, kämpfte Libby mit den Tränen. »Es tut mir leid, Jordan, dass ich dich verraten habe. Dass nun die Wahrscheinlichkeit, dass du deine Familie befreien kannst, kleiner ist.«

»Ich vergeb dir, Libby«, sagte Jordan einfach.

»Du vergibst mir?«, erwiderte Libby. »Einfach so?«

»Ja. Einfach so.«

»Aber der Mann, der das Seil um dich geworfen hat – es war meine Schuld, Jordan. Er muss gehört haben, was ich sagte. Wie kannst du mir vergeben?«

»Ich hab keine andre Wahl nich'«, antwortete Jordan.

Ich hab keine andre Wahl nich'. Wie ein Spinnrad gingen diese Worte Libby immer wieder durch den Kopf. Als stünde sie immer noch dort, sah sie Jordan bei der Versteigerung, wo er als Sklave verkauft wurde. Sie dachte daran, wie er beschimpft wurde. In den Wochen, die seither vergangen waren, hatte sie immer besser verstanden, wie sehr ihn das alles schmerzen musste.

Sie konnte den Schmerz in ihrem Herzen nicht abschütteln, als sie an eine andere Begebenheit dachte – als Caleb die großen offenen Wunden, die eine Peitsche auf Jordans Rücken hinterlassen hatte, auswusch. An jenem Tag hatte Jordan ihnen erzählt, was sein Daddy ihn gelehrt hatte: *»Jordan, das Hassen raubt deinen Knochen Stärke, macht dich blind, wenn du kämpfen muss. Wenn du vergibst, du stark sein.«*

Nun lehnte sich Jordan vor, wie um sicherzugehen, dass Libby ihn verstand. »Vor lange Zeit sagte mein

Daddy: ›Was zählt, is' nich', wie die Leute dich von außen behandeln. Sondern was du bist im Innern. Da musst du sein echt sicher, dass es is' gut, weil du kannst nicht vor dir selbst davonlaufen.‹«

Libby starrte ihn an. »Ich kann nicht vor mir selbst davonlaufen?«

»Wo immer du bist, du bist die Person, mit der zusammen du bist.«

Libby dachte darüber nach. »Ich habe keine Wahl, ich bin immer mit Libby Norstad zusammen.« Sie fand es beinahe lustig. »Ich *muss* mit mir zusammen sein!«

Jordan grinste. »Du hast's erfasst!«

In diesem Augenblick fühlte sich Libby, als wäre ihr eine Last von den Schultern gefallen. »Okay«, sagte sie. »Ich kann nicht vor dem Wissen davonlaufen, dass ich etwas falsch gemacht habe.« Libby schaute von Jordan zu Caleb. »Aber ich will anders sein. Ich will, dass Gott mir hilft, neu anzufangen.«

Als Libby aufstand, um zu gehen, fiel ihr ein gut gekleideter Mann auf, der an der Reling stand. Er schien auf den Fluss hinauszuschauen. Doch Libby war so ins Gespräch vertieft gewesen, dass sie nicht bemerkt hatte, wann er an Deck gekommen war.

Was hat er gehört?, fragte sich Libby, erneut außer sich. Es war nicht schwer zu erraten, dass er gelauscht hatte.

Als Libby das Texasdeck erreichte, dachte sie an Calebs Worte. »Wir gehen bald los«, hatte er gesagt. Wie Zahnschmerzen spürte Libby die Enttäuschung, dass sie nicht mitgehen würde.

In ihrer Kajüte fand Libby die Zeitung vor, die sie am vergangenen Abend auf den Boden fallen gelassen hatte. Sie nahm die verstreuten Seiten und breitete sie auf dem Boden zum Lesen aus.

Wieder sah sie den Artikel über ihren Unfall. Daneben war ein anderer Artikel, der Libby entgangen war.

Mann flüchtet aus Stillwater-Gefängnis

Der bekannte und gefährliche Häftling Sam McGrady ist gestern aus dem Gefängnis des Minnesota-Territoriums ausgebrochen. Vor seiner Gefangennahme war er Mitglied einer Bande, die mehrere Banken im Minnesota-Territorium und im Staat Iowa überfallen hat. Beim letzten Raubüberfall vor Sams Inhaftierung wurde ein Bankschalter-Beamter ernsthaft verletzt.

Der Bandit ist für seine Seiltricks bekannt. Es wird angenommen, dass er einmal auf einer Ranch im Westen gearbeitet hat. Man nennt ihn auch eine »diebische Elster«, weil er alles, was er stiehlt, einfach zum Verschwinden bringt.

Nate Johnson aus Stillwater und drei Freunde vom Dampfschiff *Christina* beobachteten, wie Sam McGrady über die Gefängnismauer kletterte. Zu jenem Zeitpunkt trug Sam graue Hosen und ein weißes Hemd. Als Nate und die anderen versuchten, seinen Ausbruch zu melden, wurden sie in den Unfall verwickelt, von dem an anderer Stelle in dieser Zeitung berichtet wird.

Ein Holzarbeiter vom oberen Saint Croix River erinnert sich, einen Mann in grauen Hosen, Wollmütze und rot-blauer Jacke – die übliche Kleidung eines Stillwater-Häftlings – gesehen zu haben. Der ausgebrochene Häftling versteckte sich möglicherweise in der Höhle, in der Esswaren für die Kochhütte gelagert werden. Falls ja, könnte er an Bord eines Dampfschiffs gelangt sein und diese Gegend verlassen haben.

Sam McGrady ist möglicherweise bewaffnet und wird für gefährlich gehalten.

Libby sog hörbar den Atem ein. *Das ist der Mann, den ich im Laden in Prescott gesehen habe! Er trug genau diese Kleider. Also muss er der Mann sein, der gestern Nacht ein Seil um Jordan geworfen hat!*

Libby rutschte das Herz in die Hose. Sie ergriff die Zeitung und rannte aus der Kajüte.

Als Libby Papa in seiner Kajüte fand, hatte auch er schlechte Neuigkeiten. Ein Mann hatte soeben gemeldet, dass er einen dreiteiligen Anzug und ein weißes Hemd vermisste.

Libby runzelte die Stirn. *Der gut angezogene Herr, der an Deck kam, während ich mit Caleb und Jordan sprach. Jener Mann trug einen Dreiteiler. Aber viele andere Männer an Bord auch.*

»Lass mich raten«, sagte Libby. »Es ist ein Anzug, wie ihn jeder andere Passagier der Ersten Klasse trägt.«

Papa grinste. »Wie Jordan sagen würde: ›Du hast's erfasst!‹«

»Hätte ich nur einen besseren Blick auf das Gesicht des Häftlings erhaschen können«, wünschte sich Libby. Schon mehrmals hatte sie versucht, sich daran zu erinnern, wie der Mann aussah, als er über die Mauer kam. Sie war zu weit weg gewesen, um seine Augenfarbe erkennen zu können.

Als Libby Papa den Zeitungsartikel zeigte, meinte er: »Das überrascht mich nicht. Wenigstens wissen wir, nach wem wir suchen.«

Nachdem sie die ganze *Christina* nach Caleb und Jordan abgesucht hatte, fand Libby Caleb die beiden Jungen im Gepäckraum, wo jeder der beiden auf einem großen Schrankkoffer saß. Als sie in ihre Nähe kam, hörten sie auf zu sprechen, und Libby war sich sicher, dass sie Pläne schmiedeten.

Libby reichte Caleb die Zeitung. Als sie sich hinsetzte, las Caleb den Artikel vor. Jordan schaute Caleb über die Schulter, als testete er, ob er einige von Calebs vorgelesenen Wörtern bereits selbst lesen konnte.

»O-oh!«, rief Caleb aus, als er den Artikel zu Ende gelesen hatte. »Vielleicht habe ich dir Unrecht getan, Libby. Es würde mich nicht erstaunen, wenn Sam McGrady unsere Kekse geklaut hätte, als er an Bord kam.«

»Ich hab das Gefühl, ich kenn den Mann bereits«, sagte Jordan. »Und das Seil, das er hat, gefällt mir gar nich'.«

»Er muss der Mann sein, den ich im Laden in Prescott gesehen habe«, meinte Libby.

»Wenn das stimmt, bist du die Einzige an Bord, die weiß, wie er aussieht«, erklärte Caleb ihr.

Daran hatte Libby gar nicht gedacht. »Du meinst, dass ich die Einzige bin, die ihn erkennen kann?«

»Jepp«, antwortete Caleb. »Und er erkennt dich mit deinem roten Haar bestimmt auch.«

»Mit meinem *rotbraunen* Haar.« Libby warf den Kopf zurück, sodass ihre langen Haare ihr um die Schultern flogen. Doch Caleb wollte auf etwas Wichtigeres hinaus.

»Wir tüfteln gerade die Pläne aus, wie wir Jordans Mutter befreien können.«

Libby sprang auf die Füße. »Ich gehe, dann könnt ihr reden.« Zum ersten Mal war sie froh, dass Jordan und Caleb ohne sie gehen würden. Wenigstens würde sich Jordan nicht mehr auf dem Schiff und somit nicht mehr in Sam McGradys Nähe befinden. »Wenn ich euch nicht mehr sehe, bevor ihr euch auf den Weg macht: Gute Reise!«

Doch Jordan hielt sie zurück. »Warte noch, Libby. Ich und Caleb hab'n da grad über was gesprochen.«

Libby schaute von einem zum anderen. *Gestritten meinst du*, dachte sie. Als sie sich wieder hinsetzte, hielt Jordan ihr eine Schiefertafel hin.

»Caleb hat mir beigebracht, wie man *Burlington* schreibt«, erklärte Jordan stolz. Er wischte den Namen aus und zeichnete eine Linie, die den Mississippi darstellte. Neben jene Linie setzte Jordan einen Punkt mit einem »B« für Burlington.

Weiter flussabwärts schrieb Jordan sorgfältig ein »K« neben einem Punkt für Keokuk, Iowa. Dann zeichnete er eine Linie für den Des Moines River. Weiter landeinwärts zeichnete er einen weiteren Punkt und den Buchstaben »C« ein.

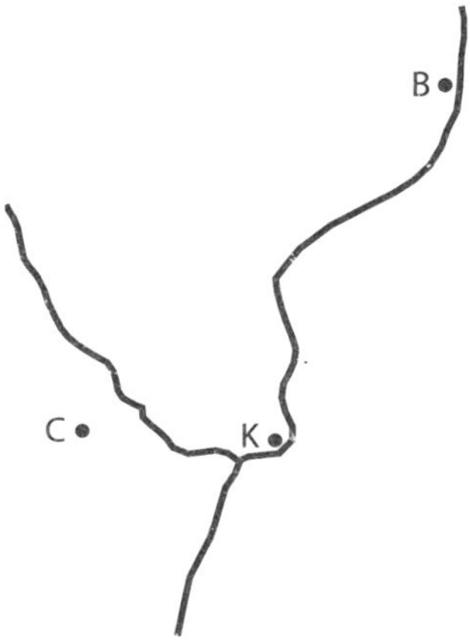

»Cahoka«, sagte Jordan. »Im Nordosten von Missouri. Dort meine Mamma ist – auf Farm im Clark County. Old Massa meine Mamma in den Norden raufverkauft hat. Ich noch nie dort gewesen bin, wo meine Mamma und mein' Schwestern und mein Bruder sind.«

Libby wartete ab. Wo führte dies alles hin? Sie wusste nur, dass Caleb auf ihrem Weg flussaufwärts nach Burlington, Iowa, gegangen war. Eine Zeit lang hatte er mit Oma dort gewohnt, und Caleb hatte dort Kontakte zur »Untergrundbahn«.

»Ich habe mit einigen Bekannten in Burlington gesprochen.« Calebs Stimme klang steif, als wollte er Libby eigentlich nicht erzählen, was geplant war. »Ich habe sie darum gebeten, uns in Keokuk den Wagen eines Hausierers bereitzustellen, wenn wir den Fluss herunterkommen.«

Doch nun waren sich Caleb und Jordan einig, dass das Risiko zu groß war. Sam McGrady wäre es ein Leichtes, den hohen eckigen Seiten eines Hausiererwagens zu folgen.

»Ich 'n neuen Plan hab«, erzählte Jordan Libby. »Ich und Caleb in Burlington von Bord gehn müssen.«

»Wir werden uns Pferde besorgen, auf denen wir reiten können«, warf Caleb ein. »Falls uns jemand zu folgen versucht, wird es nicht so schwer sein, ihn abzuschütteln. Wir reisen auf dem Land, während die *Christina* den Fluss hinunterfährt.«

Caleb sprach nun schnell, und Libby wusste, dass ihnen nicht mehr viel Zeit blieb. »Auf der anderen Seite des Des Moines River besorgen wir uns einen Bauernwagen, um wie gewöhnliche Durchreisende auszusehen.«

Doch da war Jordan anderer Meinung. »Ich dein Fahrer sein muss«, sagte er Caleb. »Du mein Besitzer sein musst.«

Ein Ausdruck, den Libby nicht verstand, huschte Caleb kurz übers Gesicht. Doch als er sprach, hörte sie den Schmerz in seiner Stimme.

»Ich will diese Rolle nicht einmal spielen«, sagte Caleb.

»Falls denkt jemand, wir sind Freunde, du in Schwierigkeiten bist«, erwiderte Jordan. »Und ich mein' Familie nich' befreien kann.«

Die beiden tauschten einen Blick aus. Schließlich nickte Caleb.

»Aber du darfst nicht stolz aussehen«, warnte er. »Wenn du stolz aussiehst, wird jeder, der dich zu Gesicht bekommt, dich erkennen. So bist du auf dem Fahndungsplakat beschrieben.«

Als hätte er schon jede Einzelheit seines Planes durchdacht, grinste Jordan. »Ich schon nich' stolz aussehn werd. Du selber sehn wirst.«

»Und was soll ich dabei tun?«, fragte Libby.

Jordan und Caleb blickten einander an, und Libby war sich wieder sicher, dass sie sich uneinig waren. Doch sie wusste auch etwas anderes. Vor einigen Wochen hatte Caleb Jordan ein überraschendes Angebot gemacht: *»Du sagst mir, was ich tun soll, und ich tu's.«*

Jordan war mit ärgerlich blitzenden Augen aufgesprungen. *»Du macht doch nur Spaß! Es kein'*

Sklavenjungen gibt, der einem weißen Jungen sagt, was er soll tun!«

Doch Caleb hatte es ernst gemeint. *»Ich weiß, was zu tun ist, wenn ich einen entlaufenen Sklaven finde«*, hatte Caleb geantwortet. *»Ich weiß, wie ich einen flüchtigen Sklaven verstecken kann, der zur ›Christina‹ kommt. Was DU tun musst, wird um einiges schwieriger sein.«*

Seitdem – immer wenn Libby fragte, ob sie bei der Befreiung helfen konnte – war Caleb treu der Regel gefolgt: Jordan plant die Reise. Obwohl sich Libby sicher war, dass Caleb sie nicht dabeihaben wollte, hatte er keine andere Wahl – er musste zu seinen eigenen Worten stehen.

Nun wiederholte Libby ihre Frage: »Und was soll ich dabei tun?«

»Ich will, dass du fährst mit diesem Hausiererwagen«, sagte Jordan. »Ich will, dass du und Hausierer schön fahrt bis zu diesem Bauernhaus. Während ihr tut das, ich und Caleb irgendwie in die Farm schleichen. Wir Mamma finden und ihr sagen, wir ins Gelobte Land gehn.«

»Du willst, dass *ich* mit den Besitzern spreche?« Die Erinnerung daran, wie sie versagt hatte, verfolgte Libby noch immer. »Was, wenn ich das Falsche tue?«

»Nur weil du etwas gemacht hast falsch, heißt das noch lang' nich', dass du alles machst falsch«, meinte Jordan. »Der Herr mir hat gesagt, wir dich brauchen.«

»Ihr *braucht* mich?« Libby schaute von einem Jungen zum anderen. Als Caleb ihr nicht in die Augen schaute, wusste Libby, dass sie recht gehabt hatte. Caleb wollte sie immer noch nicht dabeihaben.

»Warum willst du zwei Wagen?«, fragte Libby.

»Falls passiert etwas, sodass ich und Caleb nicht können kommen, Mamma hat andere Möglichkeit zu entkommen.«

Als könnte er nicht mehr still sitzen, begann Jordan im offenen Raum zwischen dem Gepäck auf- und abzugehen. »Jetzt es is' früh am Morgen. Wir 'nen ganzen Tag haben, um gelangen zur Farm und finden meine Familie. Wir müssen befreit haben sie bis heute um Mitternacht. Falls wir können weglaufen bis dann, wir bis zum Morgengrauen morgen haben, um zu finden ein Versteck.«

Plötzlich stand Jordan stockstill. »Ich immer unruhiger werd, wenn ich denk an mein' Familie.«

»Was ist los?«, fragte Caleb.

»Genau hier.« Jordan pochte auf seine Brust. »Ich nun schon seit drei, vier Tagen den Bammel fühl. Es etwas mit meine Mamma und mein' Schwestern und mein' Bruder geschieht.«

»Etwas Schlechtes?«, fragte Libby.

Jordan nickte. »Etwas echt Schlechtes.«

»Woher weißt du das?«

»Ich hör's wie 'ne Alarmglocke. Wie wenn der Herr sagt tief drinnen in mir: ›Jordan, du musst bald dorthin gehen. Du musst dich beeilen.‹«

»Weißt du genauer, was los ist?«, fragte Caleb, als hätte er keine Zweifel daran, dass Jordan Gott hörte.

Jordan schüttelte den Kopf. »Aber etwas ich weiß.« Sein Gesicht wurde von Verzweiflung erfüllt. »Wenn mein' Familie wird verkauft, bevor ich komme zu ihr, ich nie wieder sie seh.«

Die »Rothemden«

Wir beten müssen«, sagte Jordan. Zwischen zwei großen Schrankkoffern fiel er auf die Knie. »Gleich jetzt wir beten müssen.«

Als Jordan die Arme hoch über seinen Kopf hielt, war Libby froh, dass niemand anders zugegen war. Doch dann begann Jordan so kühn zu beten, als spräche er mit einem guten Freund. Libby schloss die Augen.

»Mächtiger Jesus, wir deine Hilfe brauchen. Wir deine Liebe brauchen und dein' Schutz und deine Gunst. Wir dich brauchen – du den Leuten, die uns wollen schaden, musst verschließen die Augen und Ohren. Und den Leuten, die uns wollen helfen, öffnen die Augen und Ohren.«

Wie als Antwort auf Jordans Gebet öffnete Libby die Augen. Jordans Augen waren ebenfalls offen. Er wiegte sich auf den Knien langsam vor und zurück, während er zum Himmel schaute. »Bring meine Mamma und mein' Bruder Zack, mein' Schwester Serena und mein' kleine Schwester Rose sicher in dein Gelobtes Land!«

Als hätte der Herr seine Familie bereits befreit, sank Jordan auf seine Fersen zurück. »Jesus, wir dir danken – wenn wir sind schwach, du uns stark machst. Halleluja! A-men!«

Als Caleb aufschaute, blickte er Jordan in die Augen. Ein frohes Leuchten hatte die Sorge aus Jordans Augen vertrieben.

Ich wünschte, ich könnte auch so sehr darauf vertrauen, was Gott tun kann, dachte Libby.

Kurz darauf entfernte sich Jordan, um sich auf die Reise vorzubereiten. Libby blieb, wo sie war, und lehnte sich an ein großes Gepäckstück. Mit gesenktem Kopf saß sie da und konnte kaum sprechen.

Ich dachte, ich könnte alles tun, was ich mir vornehme. Jordan kennt sich besser aus als wir alle, wenn es um die Befreiung seiner Familie geht. Und er ist sich bewusst, dass er es nicht ohne Gott schaffen kann. Libbys Wangen röteten sich vor Scham, wenn sie daran dachte, wie selbstsicher sie gewesen war.

Sie fühlte sich immer noch unwohl in Calebs Gegenwart. Weil sie wusste, dass er sie nicht dabeihaben wollte, war die Situation zwischen ihnen irgendwie steif und angespannt. Nun kam Libby ein quälender Gedanke: *Caleb denkt, dass ich es nicht schaffe. Vielleicht hat er recht.*

Doch eine Frage musste Libby ihm noch stellen. »Meintest du es wirklich so, als du Jordan sagtest, dass er sein Leben verlieren könnte?«

»Ja«, antwortete Caleb ohne zu zögern.

»Aber für Papa – falls er mit einem flüchtigen Sklaven erwischt würde, würde das eine Buße oder Gefängnisstrafe bedeuten. Vielleicht würde er die *Christina* verlieren.«

Caleb nickte. »Er geht für seine Überzeugung ein Risiko ein. Ein Risiko, das er nicht eingehen müsste.«

»Und für Jordan –« Libby verstummte. »Könnte es sein *Leben* bedeuten?«

»Er ist ein flüchtiger Sklave«, erinnerte Caleb sie.

»Aber unsere Gründungsväter haben für das Leben gekämpft«, erwiderte Libby. »Das wollten die Männer, welche die Unabhängigkeitserklärung unterschrieben haben, nämlich.«

Mehrmals während ihres Geschichtsunterrichts hatte Papa von den Dokumenten erzählt, die diese Männer unterschrieben hatten. Nun, als könnte dies Jordan beschützen, wiederholte Libby ihre Worte: »›Wir halten diese Wahrheiten für ausgemacht, dass alle Menschen gleich erschaffen worden –‹«

Caleb stimmte mit ein: »›Dass sie von ihrem Schöpfer mit gewissen unveräußerlichen Rechten begabt worden –‹«

»›Worunter sind Leben …‹« Libby hielt inne und konnte nicht mehr weitersprechen. In den vergangenen Wochen war ihr das Leben sehr kostbar geworden.

»Gibt es viele entlaufene Sklaven, die zurückkehren, um ihre Familien zu befreien?«, fragte

Libby, als sie schließlich wieder sprechen konnte.

»Es ist ungewöhnlich. Manchmal entkommt ein Mann und arbeitet hart, damit er seine Frau und seine Kinder freikaufen kann. Aber jetzt, seit dem Gesetz über flüchtige Sklaven von 1850, haben Sklavenfänger flüchtige Sklaven sogar bis nach Kanada verfolgt. Es ist echt schwierig für einen flüchtigen Sklaven zurückzugehen.«

»Caleb, woher weißt du, dass es wirklich Gott ist, der mit Jordan spricht?«

»Ich beobachte und schaue, was passiert«, sagte Caleb. »Ich will wissen, ob es etwas Gutes ist, wie Gottes Schutz. Wenn Jordan den Herrn hört, sollte es Leuten helfen und nicht schaden.«

»Also hat es sich herausgestellt, dass Jordan immer das Beste getan hat?«, wollte Libby wissen.

Caleb nickte, doch Libby fürchtete sich. Sie erinnerte sich an Jordans Besitzer, den grausamen Sklavenhändler. »Wird Jordan nicht wieder Riggs in die Arme laufen?«

Zu Libbys Erstaunen begann Caleb ebenfalls auf- und abzugehen, genauso wie vorher Jordan. Das beunruhigte Libby nur noch mehr. Normalerweise blieb Caleb ruhig, auch wenn wirklich schreckliche Dinge geschahen. Nun war er offensichtlich nervös wegen Jordans Plan.

»Riggs ist ein einflussreicher Sklavenhändler, Libby. Er ist reich und besitzt viele Anwesen. Es überrascht mich, dass er Jordan überhaupt so stark verfolgt hat. Er hat keine Zeit, einem einzigen Sklaven nachzurennen, es sei denn –«

Calebs Augen blickten finster und zornig.

»Es sei denn?« Libby fürchtete sich vor der Antwort, doch sie wollte es wissen.

Caleb blieb stehen. »Erinnerst du dich, wie Riggs sagte: ›Kein Sklave ist mir je entkommen – lebend!‹ Vielleicht ist Riggs besonders wütend auf Jordan, weil er ihm trotzdem entkommen ist. Wenn es um Rache geht –«

»Riggs könnte Jordan bis ans Ende der Welt jagen«, meinte Libby langsam, wobei ihr der Klang ihrer eigenen Worte nicht gefiel. »Du meinst, Riggs will sich vielleicht selbst beweisen, dass ihm niemand entkommen kann?«

An der Art, wie Caleb sein Kinn hielt, wusste Libby, dass er genau das meinte.

Weniger als eine Stunde später kündigte das Tuten der *Christina* die Ankunft in Burlington an. Libby und Jordan warteten in der Nähe der Stelle, an der die Anlegeplanke hinuntergelassen werden würde.

Als die *Christina* langsam anlegte, blickte Libby auf den Fluss hinunter, das Wasser floss nur etwa einen halben Meter unter dem Rand des Decks. Da es zwischen ihr und dem Wasser keine Reling gab, trat Libby vorsichtig zurück.

Seit sie denken konnte, hatten ihre Eltern sie vor den Gefahren des schmalen Wasserstreifens zwischen dem Schiff und dem Ufer gewarnt. Obwohl Libby nun dreizehn Jahre alt und für ihr Alter groß war, würde sie in den trüben Tiefen des Flusses nicht stehen können.

Immer ungeduldiger blickte Libby sich um und hielt nach Caleb Ausschau. »Wo ist er?«, fragte sie Jordan.

Aber Jordan zuckte einfach mit den Schultern. »Wir können nich' aussehen so, als gehören zusammen wir.«

Während Libby und Jordan warteten, scharten sich andere Passagiere um sie. Der Mann, der am nächsten beim Rand des Decks stand, schien es am eiligsten zu haben, das Schiff zu verlassen. Er stand mit dem Rücken zu Libby und trug trotz der morgendlichen Wärme einen Hut und einen langen Mantel. Mit seinen glänzend polierten Schuhen sah er aus wie ein Geschäftsmann, der nach einer Reise heimkehrte.

Die *Christina* ließ ein tiefes Tuten ertönen, während sie sich langsam dem Ufer näherte. Neben Libby ergriff ein Deckarbeiter ein Tau. Ein Ende des Taus war an einer Klampe auf Deck befestigt, und das andere Ende legte sich der Arbeiter in einer Schlaufe um Schulter und Ellbogen.

Sobald die Anlegeplanke ausgefahren worden war, rannte der Deckhelfer auf die Planke. Mit schnellen, ruckartigen Bewegungen spulte er das Tau ab.

Erneut machte Libby einen Schritt zurück, doch der Geschäftsmann drängte sich vor. Er stand gleich neben dem Schiffsrand und blickte ungeduldig zur Stadt.

Dann wurde das Tau ruckartig festgezogen und schlug dem Mann dabei von hinten gegen die Beine. *Zack!*

Plötzlich verlor der Mann das Gleichgewicht. Er fiel nach vorne und schlug mit dem Bauch auf dem Rand des Decks auf. Im nächsten Augenblick landete er kopfüber im dunklen Wasser zwischen dem Schiff und dem Ufer. Dann war er verschwunden.

Libby stockte der Atem. Um sie herum schrien Leute auf. War dem Mann die Luft weggeblieben? Bevor Libby Zeit hatte nachzudenken, was zu tun war, stürzte Jordan an ihr vorbei. Er kniete sich auf der Anlegeplanke hin und wartete.

Nach einer endlos scheinenden Zeit erschien ein Kopf an der Oberfläche – ein Kopf mit kurz geschorenen Haaren. Das Gesicht des Mannes war zum Ufer gerichtet.

Jordan rief ihm zu: »Hierher!« Er streckte die Hand aus und hielt sie über das Wasser.

Als versuchte er mühsam, in die Richtung von Jordans Stimme zu gelangen, hob der Mann einen Arm, der von einem schweren Mantel bedeckt war.

Seine Kleider, dachte Libby. *Seine Schuhe ziehen ihn hinunter. Er hat nur eine Chance.*

»Hierher!«, rief Jordan noch einmal.

Als er sich noch weiter hinauslehnte, schluckte Libby schwer. *Wenn er hineinfällt – eine falsche Bewegung …*

Schnell legte sich Jordan auf die Anlegeplanke. Erneut streckte er sich, so weit er konnte. Diesmal konnte er die Hand des Mannes packen. Mit enormer Kraftanstrengung hievte ihn Jordan so weit hoch, dass er auf der Anlegeplanke lag.

Einen Augenblick lang hielt sich der Mann an dem Brett fest und versuchte, wieder zu Atem zu kommen. Dann stand Jordan auf und half ihm auf die Füße. Als wäre er nicht in der Lage, selbst zu stehen, knickte der Mann ein. Jordan führte ihn am Arm die restlichen paar Schritte zum Deck der *Christina* hinauf.

Sogar als Jordan losließ, stand der Mann nicht auf. Schmerzerfüllt krümmte er die Schultern. Schließlich richtete er sich langsam auf und schaute Jordan ins Gesicht.

»Was? Du?«, rief der Mann aus.

Als hätte er sich verbrannt, wich der Mann zurück. Ohne ein weiteres Wort machte er sich davon. Kurz darauf war er in der Menge der Passagiere verschwunden.

»Was für ein undankbarer Mensch!«, rief Libby aus.

»Vielleicht«, sagte Jordan ruhig.

Doch Caleb war nun hier, und Libby erzählte ihm die ganze Geschichte. »Dem Mann hatte es die Luft abgeschnitten. Seine Kleider und Schuhe zogen ihn nach unten. Er wäre vielleicht kein zweites Mal nach oben gekommen.«

Caleb hörte genau zu und stimmte mit Libby überein, dass der Mann nur knapp mit dem Leben davongekommen war. Doch nun war Libby wütend.

»Du hast ihm das Leben gerettet, Jordan! Und alles, was er sagte, war: ›Was? Du?‹«

Jordan zuckte nur mit den Schultern, als wäre die Angelegenheit nicht wichtig. »Ich und Caleb gehen müssen«, sagte er stattdessen.

Und mit leiser Stimme fügte er hinzu: »Wir uns bei der Farm sehn, Libby.« Damit drehte er sich um und ging die Anlegeplanke hinunter.

Dann stand Caleb vor Libby. Als sie ihm in die Augen schaute, sprach eine Steifheit aus seinem Blick, die ihr sagte, dass Caleb sie nicht dabeihaben wollte.

Als er ihr in die Augen schaute, sagte er: »Geh keine Risiken ein, Libby. Wir wollen dich unversehrt wieder zurück.«

Dann war auch er verschwunden.

Als Caleb und Jordan eine Straße in Burlington hochgingen, sah Libby ihnen nach. Beide Jungen trugen nur eine Tasche auf dem Rücken. Sie gingen getrennt – wie immer, wenn sie von fremden Leuten umgeben waren. Hier und da drehte sich Caleb ganz wenig, wie um Jordan im Auge zu behalten. Genauso oft spähte Jordan zu Caleb hinüber.

Ich hoffe, es geht ihnen gut, dachte Libby. Allein schon der Gedanke an alles, was schiefgehen konnte, machte ihr Angst.

Hinter den Jungen folgten mehr Leute den Passagieren, die bereits an Land waren. Dann begannen Deckhelfer, die Fracht abzuladen.

Caleb und Jordan waren immer noch in Sichtweite, als ein Mann an Libby vorbei die Anlegeplanke hinuntereilte. Der Mann trug einen Hut und einen Geschäftsanzug und schien vertraut. Dann, als er die erste Lagerhalle am Ufer erreichte, drehte er sich ein wenig. Zum ersten Mal sah Libby sein Gesicht.

Der Mann, der ins Wasser gefallen war! Der Mann, den Jordan gerettet hatte!

Libby war erstaunt, wie schnell der Mann die Kleidung gewechselt hatte. Er war beinahe zwei Häuserblocks entfernt, als Libby etwas auffiel. *Er trägt keinen Koffer und keine Tasche bei sich. Und als er neben der Anlegeplanke stand, hatte er kein Gepäck.* Doch Libby war sich sicher, dass der Mann die *Christina* endgültig verließ.

Wie ein Nadelstich durch die Haut ging Libby plötzlich eine Frage durch den Kopf. *Woher hat er die trockenen Kleider genommen?*

Ihre Gedanken überschlugen sich. *Sein Haar ist so kurz, dass es schnell trocknet.*

Kurze Haare. Haare, die gewachsen waren. Wenn jemand einen halb geschorenen Kopf hatte – wenn das Haar wuchs, und er die andere Seite gleich kurz schneiden würde …

Der ausgebrochene Häftling! Sam McGrady!

Er hat also noch mehr Kleider gestohlen! Libby fragte sich, welcher Passagier diesmal wütend sein würde. Dann wurde ihr noch etwas Schlimmeres klar: *Wenn der Mann Sam McGrady ist, eilt er sicher den Hügel hinauf, Caleb und Jordan hinterher!*

Ohne nachzudenken, raste Libby die Anlegeplanke

hinunter, den Jungen nach. Als sie schließlich die Stadtmitte erreichte, war sie außer Atem und hatte Seitenstechen.

Der ausgebrochene Häftling war nirgendwo in Sicht. Genauso wenig Caleb und Jordan.

Genau in diesem Augenblick hörte Libby die letzte Warnglocke der *Christina*. Libby war so besorgt gewesen um Caleb und Jordan, dass sie die früheren Signale nicht einmal gehört hatte. Nun blieb ihr keine andere Wahl, als zum Schiff zurückzukehren.

»Es sind 64 Kilometer bis Keokuk«, informierte Papa Libby. »Das sind etwa dreieinhalb Stunden.«

Da sie auf dem Hauptdeck standen, wo sie von vielen Leuten umgeben waren, sagte Papa nicht mehr. Doch Libby wusste, wovon er sprach.

»Wenn alles gut geht, trefft ihr euch etwa um dieselbe Zeit«, fügte er leise hinzu.

In der Stunde, bevor sie die *Christina* verließen, hatten Caleb und Jordan sich in der Kapitänskajüte getroffen. Papa war ebenfalls der Meinung, dass ihr Plan gut war – so sicher, wie ein solches Unterfangen nur sein konnte.

Nun war Libby aufgeregt. *Ich darf tatsächlich dabei helfen, Jordans Familie zu befreien!* Sie konnte es immer noch kaum glauben, dass sie dabei sein würde.

Dann blickte sie zu ihrem Vater auf. Als sie die Liebe in seinen Augen bemerkte, dachte sie daran, wie sich Oma fühlte, wenn Caleb mit der »Untergrundbahn« unterwegs war.

»Ich werde vorsichtig sein«, versprach Libby.

Ihr Vater lächelte. »Ja, tu das bitte. Du bist die Einzige, die mir geblieben ist.«

Als ein Passagier mit Papa sprechen wollte, suchte Libby nach Oma in der Kombüse. Samson war ebenfalls dort. Er saß direkt vor der Tür auf seinem Hinterteil.

»Fütterst du ihn für mich, während ich weg bin?«, fragte Libby. Oma nickte.

Ihr Lächeln war so warm wie ihre freundlichen blauen Augen. »Gott begleite dich, Libby.«

Aber als Oma sie umarmte, wusste Libby Bescheid: Calebs Großmutter freute sich schon auf den Augenblick, wenn sie alle wieder beisammen waren.

Libby stand hoch oben auf dem Sturmdeck und blickte über die Reling auf den Fluss hinunter, der tief unter ihr floss. Tief und dunkel erschien er nun, genauso wie die Zeit vor ihnen. Libby wünschte, sie könnte bis ans Ende sehen – sie könnte wissen, dass Jordan und seine Familie die *Christina* unversehrt erreichen würden. Doch die Zukunft war von Gefahren erfüllt, die Libby nicht einmal ahnen konnte. Sie wusste nur, dass sie auf Caleb und Jordan hören musste und besonders aufmerksam sein musste, wenn Jordan sich unruhig fühlte.

Seit sie ihn kannte, hatte Jordan diese Unruhe schon mehrmals gespürt. Libby wusste, dass es nicht einfach ein Gefühl der Sorge war, sondern der fehlende Friede von Gott. Sowohl Caleb als auch Libby hatten gelernt zu respektieren, wie Gott Jordan führte.

Libby war noch immer überrascht, dass Jordan glaubte, dass Gott sie dabeihaben wollte. *Wieso?*, fragte sie sich. Der Tag, an dem sie dachte, sie könnte alles schaffen, was sie sich vornahm, schien weit in der Vergangenheit zurückzuliegen. Nun wusste sie, dass sie alles Mögliche falsch machen konnte.

Das Ganze wirkte komisch auf Libby. *Vielleicht gefällt es Gott, wenn wir ihn um seine Hilfe bitten.* Als sie darüber nachdachte, begann sie zu beten: »Herr, was willst du, dass ich tue? Zeigst du's mir?«

Dann, als wäre es erst vor wenigen Minuten geschehen, erinnerte sich Libby daran, wie sie auf dem Deck gesessen und Passagiere gezeichnet hatte. Als Caleb eine ihrer Zeichnungen sah, sagte er: *»Die ist gut – echt gut!«*

Er hatte Libby sogar gesagt: *»Ich habe das Gefühl, dass deine Zeichenkünste uns dabei helfen werden, Jordans Familie zu befreien. Ich weiß zwar noch nicht wie, aber lass uns darüber nachdenken.«*

Seitdem hatte Libby nicht viel Zeit gehabt, um nachzudenken, geschweige denn, um zu zeichnen. Nun ging sie in ihre Kajüte und nahm Stifte und Zeichenpapier aus ihrem Koffer. Dann suchte sie ein Stück wasserdichten Stoff. Vorsichtig wickelte sie das Papier darin ein.

Danach zog Libby ihren Jeansrock und ihre besten Laufschuhe an. In einer kleinen Tasche verstaute sie das Zeichenpapier, ihre Stifte, einen warmen Pullover und Ersatzkleider für den Fall, dass sie nass werden würde. Mit diesem Gepäck und dem Proviant, den ihr Oma mitgeben würde, war sie für ihre Reise in den Nordosten von Missouri gerüstet.

Als Libby ihre Kajüte verließ, stieg sie die Stufen zu einem ihrer Lieblingsplätze, der Kommandobrücke, hinauf. Herr Fletcher, der Steuermann, stand auf einer Seite des großen Rads, mit dem er das Schiff steuerte.

Da das Steuerrad so groß war, ragte ein Teil davon in den Boden hinein.

Vor und über dem Steuermann hingen Seile und Glockenstränge, die gebraucht wurden, um dem Ingenieur, der weit unten war, Signale zu geben. Vier Pedale – zwei Signal- und zwei Bremspedale – befanden sich vor dem Rad im Boden. Auf einer Seite, ebenfalls nah am Boden, befand sich ein Sprechrohr.

Ab und zu benutzte Herr Fletcher die Glocken, um den Ingenieuren, die auf seine Anweisungen hörten, etwas zu signalisieren. Manchmal rief der Steuermann etwas in das Rohr hinein, das wie das Ende einer Trompete geformt war.

Nun drehte sich Herr Fletcher nach Libby um. »Wir kommen gut voran«, war alles, was er sagte, bevor er wieder auf den Fluss blickte. In den Wochen, seitdem sie an Bord gekommen war, um bei Papa zu leben, hatte sich Herr Fletcher an ihre Besuche gewöhnt.

Libby war erleichtert. Falls sie aufgehalten wurden, könnte sie Caleb und Jordan nicht rechtzeitig bei der Farm in Missouri treffen.

Nun blickte Libby nach unten, über den Bug der *Christina* hinaus. Wie immer wurde sie von der Aufregung erfüllt, die sie auf der Kommandobrücke verspürte. Und wie immer in solchen Momenten verspürte Libby auch jetzt ihre Liebe zum Fluss.

Vor ihnen breitete sich das Wasser des Mississippi aus. An den Ufern waren die Bäume immer noch hell in frühlingshafter Frische.

Kurz darauf wurde das Flussbett schmaler. Bald folgte die *Christina* einer Flussbiegung. Nicht weit voraus, direkt in ihrer Fahrtlinie, lag ein riesiges Floß aus Baumstämmen. Bald gelangte das Floß an eine schmale Stelle zwischen einer Insel und dem Flussufer. Vorne war das Floß fest mit einem kleinen Boot verbunden, welches das Floß nach links oder rechts bewegte – je nachdem, wie es nötig war, um das Floß auf Kurs zu halten. Auf der anderen Seite des Floßes wurden die Baumstämme durch ein Dampfschiff vorwärtsgetrieben.

Hinter dem Floß, weiter flussabwärts, kam ein anderes Dampfschiff den Fluss herauf. Plötzlich zog Herr Fletcher heftig an zwei Glockensträngen. Augenblicke später drehten sich die Schaufelräder in die andere Richtung und bremsten die *Christina*. Fletchers Hände verkrampften sich auf dem Rad.

»Siehst du das Dampfschiff, das gerade den Fluss heraufkommt?«, murmelte er. »Der Steuermann lässt dem Floß nicht genug Platz.«

Im nächsten Augenblick sprang Herr Fletcher auf ein Bremspedal. Mit dem anderen Fuß drückte er ein zweites Pedal herunter. Lang und laut ertönte das Warnsignal.

»Falls jenes Dampfschiff zu nah kommt –« Fletcher blickte grimmig drein. Erneut ließ er eine Warnglocke ertönen. »Das Floß kann zum Dampfschiff hingezogen werden. Falls eine Kette des Floßes zerbricht –«

Das musste man Libby nicht erklären. Von Caleb wusste sie, dass eine Kette die Baumstämme am Rand des Floßes zusammenhielt. Jene Reihe Baumstämme wiederum hielt alle anderen Baumstämme zusammen.

Erneut zog Fletcher heftig am Glockenstrang. Er

lehnte sich nach unten und schrie ins Sprechrohr: »Floß gerade voraus in Not!«

Mit dem Fuß trat Fletcher auf das Signalpedal. Doch das herannahende Dampfschiff beachtete die Warnungen nicht. Näher und näher kam es. Als dächte er, dass sich alles nach ihm richten musste, behielt der Steuermann seinen Kurs bei.

Plötzlich wurde das Floß nach links gezogen. Fletcher knirschte mit den Zähnen. »Die Strömung hat sie erwischt!«

Paul, der Hausierer

Als der Sog stärker wurde, bewegte sich das Floß schneller und schneller. Verzweifelt versuchten die »Rothemden«, mit ihren Rudern gegen die Strömung anzukämpfen. Doch sie konnten nicht viel ausrichten.

Auf einmal löste sich ein Baumstamm an der Außenseite. Nachdem daraufhin die Kette von Baumstämmen auseinanderbrach, lösten sich noch weitere Stämme des Floßes. Nacheinander schossen die Baumstämme in alle Richtungen davon.

Dann trennte sich ein ganzer Teil des Floßes. Der Mann, der darauf stand, sprang über einen sich rasch verbreiternden Spalt aus Wasser auf ein größeres Floßstück. Nun, da die »Rothemden« das Floß nicht mehr lenken konnten, wurde es direkt in die Bahn des anderen Schiffes getrieben.

Auf der *Christina* ertönten schrille Warnglocken. Immer mehr Baumstämme lösten sich. Wieder ließ Fletcher ein Tuten ertönen.

Nun, da immer mehr Baumstämme vom Floß losbrachen, konnte das Dampfschiff, mit dem das Floß verbunden war, es nicht mehr nach links oder rechts steuern.

Unser Rumpf!, dachte Libby voller Panik. Trotz Fletchers Bemühungen näherte sich die *Christina* einem Floßstück. Ein einziger großer Baumstamm konnte ein Leck in den hölzernen Rumpf schlagen. Dann würde sich die *Christina* innerhalb weniger Minuten mit Wasser füllen und sinken.

Im nächsten Augenblick drehte Fletcher das Rad fest nach rechts. Er versuchte, einen Weg zwischen den Baumstämmen zu finden, und steuerte auf das offene Wasser zwischen ihnen und dem Ufer zu.

Genau in diesem Augenblick legte das andere Dampfschiff einen Gang zu. Es machte einen Bogen um die sich in alle Richtungen verteilenden Baumstämme und schaffte es, unversehrt vorbeizukommen.

»Dieses Dampfschiff fährt davon!«, schrie Libby auf. »Der Steuermann hat den Unfall verursacht, und nun fährt er einfach davon!«

Fletcher war so sehr damit beschäftigt, den Baumstämmen auszuweichen, dass er nicht reagierte. Schweißperlen bildeten sich auf seinen Lippen, als er so nah am Ufer entlangfuhr, dass Libby befürchtete, sie würden auf Grund laufen.

Als der erste Baumstamm gegen den Rumpf schlug, zog sich Libbys Magen zusammen. Von ihrem Standpunkt aus hörte Libby nur einen sanften, dumpfen Aufschlag, doch sie wusste, dass der Stoß viel schlimmer sein konnte, als es klang.

Dann folgte ein weiterer dumpfer Aufschlag und noch einer. Verzweifelt bemühte sich Fletcher, um zu verhindern, dass die *Christina* mit dem Dampfschiff direkt hinter dem Floß zusammenstößt – und dass er nicht die Männer überfuhr, die versuchten, die weggebrochenen Stücke ans Ufer zu bringen.

Als Libby schließlich bemerkte, dass die Stöße nicht

mehr so stark waren, atmete sie erleichtert auf. Nun konnte sie sehen, was geschah. Die *Christina* hatte so weit abgebremst, dass die Baumstämme mit der Strömung flussabwärts schwammen und sich langsam von ihr entfernten.

Auf dem Steuerrad beugte und streckte Fletcher die Finger und hielt das Rad dann wieder fest. Als die *Christina* sich einem der größeren Stücke näherte, lehnte er sich aus dem Fenster, um zu horchen.

Weit unten stand Kapitän Norstad auf dem Vorderdeck der *Christina*. Er rief einem »Rothemd« zu: »Brauchen Sie Hilfe?«

Sofort blickte der Mann nicht mehr ärgerlich. Libby wusste, dass sein Ärger dem anderen Dampfschiff galt. Sie war ebenfalls wütend, doch sie musste immer daran denken, ob sie den Hausierer in Keokuk noch rechtzeitig erreichen konnte.

»Danke, Sir!«, rief der Mann zurück. »Jede Hilfe ist willkommen.«

»Dann treiben wir zuerst die großen Stücke zusammen«, rief Kapitän Norstad. »Dann können Sie wenigstens einige Baumstämme retten.«

Fletcher begann mit dem großen losgebrochenen Stück, das sich am nächsten befand, und steuerte die *Christina* so, dass sie das Stück sanft mit dem Bug steuerte. Als jenes Teilstück des Floßes auf ein anderes Teilstück von Baumstämmen zukam, griffen die Männer danach und hielten es fest. Mit schnellen Bewegungen banden sie die zwei Stücke zusammen.

Fletcher steuerte die *Christina* langsam und vorsichtig vorwärts, um dem Ufer nicht zu nah zu kommen. Wo auch immer der Steuermann mit dem Bug einige Baumstämme erreichen konnte, fuhr er hin. Als die größten Stücke beieinander waren, befestigten die »Rothemden« sie am Ufer.

Einige Baumstämme waren gegen das Ufer getrieben und hatten sich zwischen Bäumen verfangen. Libby hatte keine Zweifel daran, dass der Kapitän, der für das Floß verantwortlich war, ohne die Hilfe der *Christina* Tausende Dollar verloren hätte. Doch auch so war sein Verlust groß.

Als die *Christina* schließlich alles getan hatte, was sie tun konnte, winkte Fletcher den Männern zu.

»Tausend Dank!«, rief ein »Rothemd«. Die anderen jubelten. Der Kapitän des Dampfschiffs direkt hinter dem Floß ließ zum Dank ein Signal ertönen.

Kurz darauf kam Kapitän Norstad auf die Kommandobrücke der *Christina.* »Gute Arbeit«, lobte er Fletcher und klopfte ihm auf die Schulter.

Libby war stolz auf Fletcher und Papa. Sie hatten aus einer schlechten Situation das Beste gemacht. Doch als sie die Treppe hinunterging, dachte Libby wieder an Caleb und Jordan. Jordans Plan würde nicht aufgehen, wenn ihr Zeitplan durcheinanderkam.

In der großen Hauptkajüte starrte Libby auf die Uhr. Es war sogar noch schlimmer, als sie befürchtet hatte. *Was, wenn der Hausierer nicht wartet? Was, wenn er denkt, dass niemand kommt?*

Nur mit einer kleinen Tasche auf dem Rücken verließ Libby die *Christina* in Keokuk, Iowa. Papa ging neben ihr den steilen Hügel zum Marktplatz hinauf. Dort, in der Stadtmitte, wies Papa mit dem Kopf zu einem Hausiererwagen hinüber.

Der Wagen war zweieinhalb oder drei Meter lang. Die hohen Seiten und das Dach waren groß genug, um die vielen Kisten, Schubladen und Gestelle mit den Waren, die der Hausierer verkaufen wollte, zu schützen. Auf dem fast flachen Dach des Wagens befanden sich noch mehr Holzkisten. Eimer, Besen und alle möglichen Werkzeuge hingen dort, wo gerade Platz war.

Der Hausierer stand neben seinem Wagen und sprach die Vorübergehenden an. Doch er ließ sich nicht anmerken, dass er Libby oder ihren Vater gesehen hatte.

Kapitän Norstad ging auf der anderen Straßenseite vorbei, als interessierte ihn der Wagen nicht. Einen halben Block weiter sagte Papa: »Der Hausierer ist in diesem Gebiet sehr bekannt. Die Leute mögen ihn. Die wenigsten wissen, dass er auch für die ›Untergrundbahn‹ arbeitet.«

Als Libby verstohlen zurückblickte, sah sie, dass der Hausierer seine Waren verstaute. Sie und Papa waren mindestens einen Häuserblock von ihm entfernt, als der Hausierer auf den Sitz des Wagens stieg.

Bei der nächsten Ecke bog Kapitän Norstad ab. Zwei Blocks weiter, auf einer ruhigen, von Bäumen gesäumten Straße, erblickte Libby zu ihrer Überraschung den Hausiererwagen, der auf einer anderen Straße um sie herumgefahren war und nun angehalten hatte. »Gott begleite dich, Libby«, sagte Papa sanft, als sie sich dem Wagen näherten. »Sei vorsichtig, ja?«

Halb ängstlich und halb aufgeregt nickte Libby. Nach

ihrem Gespräch mit Oma konnte sie sich gut vorstellen, wie schwer das für Papa sein musste.

»Ich werde sehr vorsichtig sein«, sagte sie. »Wir werden unser Bestes geben, damit wir dich in vier Tagen in Burlington treffen.«

Der Mann, der auf dem Holzsitz saß, hatte einen langen grauen Bart und graue Haare, die ihm über den Mantelkragen herunterhingen. Er hielt die Zügel in der Hand und schien jederzeit bereit, loszufahren.

»Paul, das ist meine Tochter«, sagte Papa sanft.

»Ich werde gut auf sie aufpassen, Kapitän«, versprach der Mann.

Als Libby auf den Sitz kletterte, hob der Mann vor Papa den Hut. Unter seinen buschigen Augenbrauen blickten die Augen des Hausierers scharf und wachsam. »Der Herr segne und bewahre Sie, Kapitän.«

Als Paul den Pferden »Hü!« zurief, drehte sich Libby um und blickte zurück. Der Sitzplatz befand sich unter einem Überhang, um den Fahrer vor jedem Wetter zu schützen. Durch eine kleine quadratische Öffnung im hinteren Wagenteil beobachtete sie, wie Papa in der Ferne verschwand. Bis dahin hatte Libby sich nicht ausmalen können, wie schwer es sein würde, sich von ihm zu trennen. Doch sie hatte das Gefühl, dass Papa und der Hausierer langjährige Freunde waren.

»Hattet ihr Probleme?«, fragte Paul, als er und Libby aus der Stadt fuhren.

»Ein Floß ist auseinandergebrochen. Baumstämme haben sich im ganzen Fluss verteilt. Papa musste anhalten und helfen.«

»Haben die Baumstämme der *Christina* geschadet?«

Libby schüttelte den Kopf. »Aber es hätte wirklich schlimm enden können.«

»Es wurde mir gesagt, ich sollte nach Caleb und einem flüchtigen Sklaven Ausschau halten«, meinte Paul. »Ich habe nicht dich erwartet.«

Libby grinste. »Ich habe auch nicht mich erwartet.«

Sie erklärte die Sache mit dem ausgebrochenen Häftling und warum sie ihre Pläne ändern mussten. Als sie Paul von Jordans Plan einer Befreiung mitten in der Nacht erzählte, sagte Paul: »Ich war schon oft bei der Farm der Familie Weaver.«

Nach einer Weile fragte Paul nach Caleb. »Geht's ihm gut?«

»Soweit ich weiß, ist er in Sicherheit.« Trotz ihrer Meinungsverschiedenheiten mochte und bewunderte Libby ihn. Ihre Stimme nahm einen sanften Klang an, als sie seinen Namen erwähnte.

Als bemerkte er die Änderung in Libbys Stimme, blickte Paul zu ihr hinüber und sagte: »Wir waren viel zusammen unterwegs, Caleb und ich.«

»Kennst du ihn gut?«, fragte Libby. Sie wollte alles wissen, was sie über Caleb erfahren konnte.

Paul lächelte. »Ich kenne ihn sozusagen von Mann zu Mann und nicht von Mann zu Junge. Caleb ist so schnell erwachsen geworden. Aber er hat sich den Respekt aller verdient, die ihn kennen.«

Komisch, dachte Libby. Sie hatte immer das Gefühl gehabt, dass Caleb älter schien, als er war. Doch von Zeit zu Zeit kam etwas anderes zum Vorschein – der vierzehnjährige Junge, der trotz allem vorhanden war. Der Junge, der sie aufzog, aber auch wusste, wie man Spaß hatte.

Dann wurde Libby das Herz schwer. Sie war sich einmal sicher gewesen, dass Caleb sie mochte. Doch nun zweifelte sie an vielem. *Caleb weiß, wie ich versagt habe. Er wollte mich nicht dabeihaben.*

Als Libby den Ort beschrieb, an dem sie Caleb treffen sollte, meinte Paul: »Ich weiß genau, wo er meint. Wenn alles gut geht, können wir es immer noch bis um etwa 13 Uhr schaffen.«

Eine Zeit lang folgte Paul den roten Pfeilen an den Bäumen, die den Weg markierten. Als die Straße sie in die Nähe eines mittelgroßen Flusses führte, erfuhr Libby, dass es sich um den Des Moines River handelte. Der breite Strom floss Richtung Südosten und vereinte sich unterhalb von Keokuk mit dem Mississippi. Libby wusste, dass jeder Bach und jeder Fluss, den sie überqueren mussten, eine Barriere war auf ihrem Weg zurück aus dem Nordosten von Missouri.

Bald begann Paul Libby aus seinem Leben als Hausierer zu erzählen – wie er bei jedem Wetter auf den oft schlammbedeckten Straßen unterwegs war. Den ganzen Frühling, Sommer und Herbst über fuhr er zu Leuten, die seine Waren kaufen wollten. Nur im Winter blieb er zu Hause, damit seine Pferde sich nicht durch tiefen Schnee kämpfen mussten.

Tagsüber hielt Paul bei jedem Bauernhaus an, an dem er vorbeikam. In der Nacht wickelte er sich in eine Decke und schlief unter dem Wagen.

»Und du, Libby?« Pauls langer grauer Bart hob und senkte sich im lauen Wind. Er wollte von ihrem Leben auf der *Christina* hören.

Zu ihrer eigenen Überraschung fühlte sich Libby bei

Paul bald wohl. Nach den gefährlichen Dingen, die auf dem Schiff geschehen waren, war sie froh über die friedliche Zeit. Doch immer wenn Libby versuchte vorauszudenken, zog es ihr vor Nervosität den Magen zusammen.

Gegenüber von Saint Francisville stieg Paul ab und führte die Pferde auf eine Fähre. Als der Wagen auf der anderen Seite des Des Moines River von der Fähre rollte, sagte Paul: »Nun sind wir in Missouri.«

In dem flachen Schwemmland in der Nähe des Flusses sah der Boden schwarz und fruchtbar aus. Als die Landschaft hügeliger wurde, fuhren Libby und Paul an ausgedehnten Nutzwäldern vorbei.

»Es ist harte Arbeit«, sagte Paul, und Libby fragte sich, was er meinte. Er zeigte mit der Hand auf die Wälder.

»Eichen, Ahornbäume und Walnussbäume. Pappeln und Birken am Fluss entlang. Es ist Gottes Land, aber harte Arbeit, es zu roden. Viele Leute aus dem Süden haben sich hier niedergelassen – Besitzer mit ihren Sklaven. Im Süden waren Sklaven weniger harte Arbeit gewohnt – das Ernten von Baumwolle statt das Roden von Wäldern. Das ist für sie ein zusätzlicher Grund, davonzulaufen.«

Weniger harte Arbeit. Libby dachte über Pauls Worte nach. In ihren Augen war die Landschaft einfach schön. Die großen Bäume und die Straße, die einen Hügel hinaufführte und dann steil hinabführte, gefielen ihr. Auch die Täler, die tiefen Schluchten und die gelben Butterblumen am Fluss gefielen ihr. Aber sie musste keine Bäume fällen, Baumstümpfe entfernen und Getreide anbauen.

Libby konnte sich nun kaum sattsehen. Wo sie auch hinschaute, wuchsen wilde Blumen unter den Bäumen. Paul erklärte ihr, wie sie alle hießen – Veilchen, Bartnelken, Herzblumen und Maiäpfel.

Wie bei den Blumen, die nach einem langen Winter Knospen bildeten, regte sich Hoffnung in Libby. War nun Frühlingszeit für Jordans Familie? *Vielleicht – nur vielleicht – kann ich ihnen trotzdem irgendwie helfen.*

Doch dann hielt Paul die Pferde vor einem großen Plakat an, das an einen Baum genagelt war. Die oberste Zeile war groß genug, dass man sie im Vorbeifahren lesen konnte.

Schwarze zu verkaufen

Als Paul vom Wagen stieg, folgte Libby ihm. In kleineren Buchstaben lautete der Rest der Anzeige:

eine Frau,

eine gute Köchin, Wäscherin und Büglerin, dazu ausgebildet.

Außerdem ein Junge, achtjährig, ein elfjähriges Mädchen, zu Hausarbeiten ausgebildet, und ein kleines Kind, kerngesund.

Als könnte sie nicht glauben, was sie las, wurde Libby innerlich übel. »Die Beschreibung trifft genau auf sie zu. Das sind Jordans Mutter und Serena und Zack und die kleine Rose!«

Libby starrte den Namen des Besitzers unten auf dem Plakat an. »Jordan wusste, dass etwas nicht in Ordnung war. Etwas Außergewöhnliches, meine ich.«

Tränen stiegen in Libby hoch. Sie konnte sich das Plakat nicht länger anschauen und drehte sich weg. Als sie wieder auf den Wagen stieg, brachen bei ihr Tränen aus und liefen ihr die Wangen hinunter.

»Was würde geschehen, wenn Jordans Familie verkauft wird, bevor er zu ihnen gelangt?«, fragte Libby, als Paul weiterfuhr. »Jordan wird sie nie mehr wiedersehen!«

»Würden sie mit uns kommen, falls wir rechtzeitig dort sind?«

»Ich bezweifle es«, antwortete Libby. »Jordan hat gesagt, seine Mutter würde niemand anders vertrauen. Sie hat zu viele Geschichten von entlaufenen Sklaven gehört, die erwischt wurden. Sie und Jordan haben vereinbart, dass er zurückkommt, um ihr zu helfen.«

»Vielleicht sind Jordan und Caleb nun vor uns.« Paul schnalzte den Pferden zu und schlug ihnen die Zügel über die Rücken.

Nach einer Weile ließ Paul die Pferde wieder langsamer gehen. »Wir sind fast da«, sagte er.

Vor ihnen sah Libby einen Bach. Bevor sie ihn erreichten, führte Paul die Pferde von der Straße weg. Zwischen weit auseinanderstehenden Bäumen fuhr er in den Wald hinein. Als der Wagen anhielt, konnte Libby die Straße immer noch sehen, doch sie waren bis zu einem gewissen Grad vor Blicken von der Straße aus geschützt.

Paul spannte die Pferde aus und führte sie zum Tränken hinunter. Als sie tranken, nahm er eine Taschenuhr hervor. »Wir sind pünktlich, und dies ist der Ort, an dem wir uns treffen sollten.«

Als die Pferde fertig getrunken hatten, führte Paul sie an eine Stelle, an der sie weiden konnten.

Libby stieg vom Wagen herab und setzte sich mit dem Rücken gegen einen Baum. Als eine Stunde verstrich, wurde Libby immer nervöser. *Wo bist du, Caleb?*, wollte sie herausschreien. *Ist dir und Jordan etwas zugestoßen?*

Diese Fragen gingen Libby immer wieder durch den Kopf. Sie erinnerte sich wieder an den Mann, den Jordan aus dem Wasser gerettet hatte – den Mann, den sie für den Häftling von Stillwater hielt. Mit jeder Minute, die verstrich, wurde Libby nervöser. *Es ist meine Schuld. Ich hätte Caleb und Jordan finden und warnen sollen.* Es half nicht viel, dass sie sich sagte, dass sie ihr Bestes gegeben hatte.

Dann wurde Libby klar, was sie tat – sie geriet wieder in ihre alten Denkmuster. Sie erinnerte sich an Omas Worte: »*Nur weil du Christ bist, bedeutet das nicht, dass dein Leben einfacher wird oder dass du keine Fehler mehr machen wirst. Aber wenn du Gott bittest, dir zu helfen, wird Er dir durch alles hindurchhelfen.*«

Libby öffnete die Tasche, die sie auf dem Rücken trug, und entnahm ihr Zeichenpapier und Stifte. Unter den Bäumen wuchsen die wächsernen weißen Blumen, die Paul »Maiäpfel« nannte, und Libby skizzierte sie schnell.

Etwas von ihnen entfernt, dort, wo die Sonne zwischen den Bäumen hindurchschien, entdeckte Libby Veilchen.

»Geh nicht zu weit weg«, rief Paul ihr zu. »Die Banditen vom Fox River verstecken sich in dieser Gegend.«

»Die *Banditen* vom Fox River?«

»Diebesbanden. Sie haben viele Verstecke in diesen Wäldern. Darum behalte ich die Pferde im Auge. Es wurden in dieser Gegend schon so viele Pferde gestohlen, dass ein Mann namens David McKee schließlich sagte: ›Genug ist genug!‹ Er gründete den Anti-Pferdediebstahl-Verband.«

»Also müssen wir nun, mitten in einer unmöglich erscheinenden Befreiungsaktion, auch noch nach Pferdedieben Ausschau halten?«

Paul grinste. »Keine Sorge. Wir schaffen das schon.«

Als Libby auch die Veilchen fertig gezeichnet hatte, bemerkte sie, dass nun sogar Paul unruhig geworden war. »Caleb und Jordan sind mehr als zwei Stunden zu spät«, sagte er.

Inzwischen war es beinahe 15 Uhr geworden. Als Paul Essen aus dem Wagen nahm, packte Libby eines der Sandwichs aus, die Oma ihr mitgegeben hatte. Libby war sich sicher, dass das Brot und der Käse so gut wie immer waren. Doch da Libby Angst hatte, schmeckte das Sandwich irgendwie trocken und fad.

Nachdem Libby gegessen hatte, hörte sie ein platschendes Geräusch vom Bach her. Augenblicke später erschien ein etwa achtjähriger Junge. Über der Schulter trug er eine Angelrute mit einem kleinen Fisch an der Angel.

»Jonathan!«, rief Paul aus. »Wie geht es dir?«

Der Junge grinste ihn an. »Sie sind also zurück. Ich dachte, es würde langsam Zeit. Meine Ma und Schwe sind bestimmt froh, Sie zu sehen. Den ganzen Winter über haben sie Listen gemacht, was sie kaufen wollen.«

»Das kann ich mir denken«, meinte Paul. Doch er bewegte sich nicht von dem Baumstumpf weg, auf dem er saß.

»Worauf warten Sie?«, fragte Jonathan. Er ging um den Wagen herum und begutachtete ihn von allen Seiten, obwohl Paul nur eine Tür geöffnet hatte.

»Ich wünschte, Zack könnte Sie jetzt auch hier treffen«, sagte Jonathan, als er den Wagen fertig inspiziert hatte.

»Zack?«, fragte Paul. Laut Jordan war Zack etwa acht Jahre alt.

»Ich und Zack haben ein geheimes Versteck«, antwortete Jonathan. »Er ist Ehrenmitglied meines Clubs – der einzige Junge, der mir nicht sagt, ich sei dick.«

Als Paul zu Libby hinüberschaute, konnte sie seine Gedanken erraten. *Zack ist also noch nicht verkauft.*

Jonathans Miene verfinsterte sich. »Papa sagt, Zack sei jetzt alt genug, um auf den Feldern zu arbeiten. Den ganzen Tag lang hackt er Mais und trägt Wasser. Ohne ihn macht's kein' Spaß mehr.«

Jonathan lehnte seine Angel gegen einen Baum und setzte sich. »Zack darf nicht mehr fischen kommen, nur noch sonntags. Ma sagt, sonntags sollen Jungen ruhig sein und still sitzen. Aber Zacks Ma lässt ihn fischen gehen, sobald er von der Kirche heimkommt. Sie sagt, es sei der einzige Tag, an dem Zack fischen kann, und Gott habe das Fischen für die Jungen gemacht.«

Schon bald sah Jonathan wieder ungeduldig aus. »Gestern hat Pa gesagt, er muss Sie sehen, Herr Martin. Er braucht wahrscheinlich ein paar neue Werkzeuge. Ich werd ihm gleich berichten, dass Sie hier sind.« Jonathan stand auf, ergriff seine Angelrute und war weg.

»Nein, warte!«, rief Paul ihm nach. »Wir werden uns noch etwas länger ausruhen und später kommen.«

Doch Jonathan war bereits auf der Straße und der Brücke, die über den Bach führte. Bevor er aus ihrem Blickfeld verschwand, rief er ihnen zu: »Ich bin der schnellste Läufer, den's gibt!«

»Was machen wir nun?«, fragte Libby mit wachsender Sorge.

»Wir tränken die Pferde so lange wir nur können«, sagte Paul. »Aber ich wünschte, Caleb käme. Es gibt viele Sklavenhändler, die wissen, was er im Schilde führt.«

»Entlang der Grenze von Iowa?«, fragte Libby.

»In dem ganzen Gebiet, das er durchqueren muss«, erklärte Paul. »Caleb ist einer unserer besten ›Schaffner‹. Er musste schon viele Risiken eingehen und hat noch keinen einzigen ›Passagier‹ verloren. Aber heute muss ich immer wieder an seine Großmutter denken.«

Oma. Sie wusste ebenfalls, welche Risiken Caleb einging. Was würde mit Caleb passieren, falls er erwischt werden würde? Doch für Jordan wäre es noch schlimmer. *Falls er zu dem grausamen Sklavenhändler, der ihn besitzt, zurückgeschickt wird, verliert Jordan nicht nur seine Freiheit. Riggs schlägt ihn vielleicht sogar tot.*

Und Jordans Familie? Was wäre mit ihr?

Viel eher, als Paul und Libby lieb war, war Jonathan zurück und rief ihnen vom anderen Ufer des Baches aus zu: »Pa sagt, Sie sollen gleich kommen. Er braucht Sie jetzt. Sagt, morgen müsse er mit einem großen, wichtigen Mann sprechen.«

Familienspion

Jonathan drehte sich um und rannte zwischen den Bäumen zurück. Er flog nahezu, als wollte er die Aufregung nicht verpassen, wenn Paul ankam. Doch der Hausierer ließ sich beim Anspannen der Pferde Zeit.

Kurz nachdem Libby und Paul wieder auf der Straße waren, brachten sie die Pferde zu einer Brücke aus schweren Baumstämmen, die über den Bach gelegt worden waren. Als sie aus dem Wald kamen, blickte Libby auf ein offenes Feld. Ein großes herrschaftliches Anwesen stand auf einer Anhöhe.

»Was für ein schönes Haus!«, rief Libby aus.

Der Hauptteil des Hauses war aus roten Ziegelsteinen gebaut. Die vordere Veranda hatte hohe weiße Säulen, die zu einer weiteren Veranda im ersten Stock hinaufragten. Auf dieser Hausseite und zur Rückseite hin befanden sich zwei weitere Doppel-Verandas, die sogar noch größer waren. Eine Treppe führte jeweils von der unteren auf die obere Veranda.

»Streng lieber deine grauen Zellen an und denk scharf nach«, sagte Paul zu Libby, als sie sich der Zufahrt zum Haus näherten. »Falls Caleb und Jordan nicht bald hier sind, brauchen wir gut Gründe, um länger hierzubleiben.«

Doch Libby studierte immer noch die Umgebung. Am südlichen Ende der langen Zufahrt befanden sich eine Scheune mit Blechdach und einige kleinere Nebengebäude. Zwischen diesen Gebäuden und dem Feld hinter dem Haus standen die »Sklavenhütten«, wie

Paul sie nannte. Es waren aus Baumstämmen gebaute Blockhütten, die so aussahen, als bestünden sie nur aus einem winzigen Raum. Als Libby diese Hütten sah, dachte sie an die Hunde, die die Familie Weaver bestimmt besaß.

Die Hunde ließen nicht lange auf sich warten. Sobald Paul auf die Zufahrt einbog, begannen sie zu bellen. Jaulend und springend rannten sie dem Hausiererwagen entgegen. Ihre langen herunterhängenden Ohren und ihre Falten im Gesicht erinnerten Libby an besorgte alte Männer.

Dann wurde ihr wieder bewusst: *Die sind nicht wie Samson. Das sind nicht einfach Haustiere für die Familie. Diese Hunde sind Bluthunde – abgerichtet darauf, entlaufene Sklaven aufzuspüren.*

Paul schenkte den Hunden keine Beachtung und wickelte die Zügel um einen Pfosten am Wagen. Dann nahm Paul eine Flöte hervor und spielte ein fröhliches Lied, das alle, die es hörten, anlocken sollte.

Auf dem Feld hinter dem Haus hoben zwei Sklaven die Köpfe. Sie stützten sich auf ihre Hacken und hörten zu. Auf der schattigen vorderen Veranda sprang ein blondes Mädchen etwa in Libbys Alter auf.

Paul rief ihr zu: »Hol deine Mutter!«

Bei der Seitentür des Hauses stand Jonathan und wartete. Zu Libbys Überraschung rannte einer der Bluthunde auf ihn zu. Als Jonathan ihn streichelte, wartete der Hund darauf, dass er ihn hinter den Ohren kraulte.

Sobald Jonathan Libby sah, winkte er, als wären die zwei alte Freunde. Aber Jordans Bruder, Zack, war nicht bei ihm.

Wo ist er?, fragte sich Libby, da sie sichergehen wollte, dass Zack immer noch hier war. Sie entdeckte jedoch niemanden, der wie ein achtjähriger Jordan aussah. Dann erinnerte sich Libby daran, dass Zack den ganzen Tag auf den Feldern arbeitete.

Außerhalb des weißen Lattenzauns, der das Haus umgab, rief Paul: »Brrr!« Aus allen Richtungen kamen Leute herzu. Junge und Alte, Schwarze und Weiße – alle schienen gespannt, was der Hausiererwagen brachte.

Bald kam eine farbige Frau durch die Öffnung im Lattenzaun. Sie war groß und schlank und trug eine weiße Schürze, als arbeitete sie im Haus. *Könnte das Jordans Mutter, Hattie, sein?* Direkt hinter ihr war ein Mädchen, das ein bisschen jünger als Libby aussah. *Die elfjährige Serena*, stellte Libby fest.

Von den Sklavenhütten kam eine Reihe Kinder hergelaufen, gefolgt von einer alten Frau, die sich um sie kümmerte. Serena stand still und wartete, dann nahm sie eines der Kinder auf den Arm. Das kleine Mädchen hatte ganz viele kleine abstehende Zöpfe auf dem Kopf und schien etwa fünfzehn Monate alt zu sein. Libby war sich sicher, dass das Jordans jüngste Schwester, Rose, war.

Während Libby zuschaute, schlang Rose die Arme um Serenas Hals. Serena drückte das kleine Mädchen an sich. Mehrmals flüsterte Serena ihr etwas ins Ohr. Als Rose kicherte, kicherte Serena auch.

Ist es das, was es bedeutet, eine Schwester zu haben?, fragte sich Libby. *Kein Wunder, dass Jordan seine Familie befreien will!*

Zu Libbys Überraschung kletterte Paul langsam vom Wagen, als schmerzten ihn seine alternden Knochen. Sogar beim Öffnen des Wagens ließ Paul sich Zeit.

Dann wusste Libby wieder warum. *Er gibt Caleb und Jordan so viele Minuten, wie er nur kann.* In Gedanken wünschte sie sich, dass sie die beiden zur Eile antreiben könnte. *Wo seid ihr?*, wollte sie herausschreien.

Auf einer Seite des Wagens faltete Paul ein Gestell herunter. Darauf stellte er seine kostbarsten Artikel – Glaswaren, Porzellangeschirr und Arzneimittel in ihren dicken Glasflaschen. Daneben stellte er einen Krug mit Bonbons.

Aus dem hinteren Teil des Wagens nahm er lange Stoffstücke, Töpfe und Pfannen und alles, was der Frau gefiel, hervor. Als er dies alles auf ein anderes Gestell legte, wo man es gut bestaunen konnte, kamen die neugierigen Kinder und Erwachsenen näher.

Kurz darauf trat eine Frau, die sehr wahrscheinlich Jonathans Mutter war, durch die Öffnung im Lattenzaun. Ein etwa zwei Jahre alter Junge war bei ihr, zusammen mit einem blonden Mädchen, das Jonathans Schwester zu sein schien.

»Guten Tag, Frau Weaver«, begrüßte Paul sie herzlich. »Und wie kann ich Ihnen heute behilflich sein?«

Ein Lächeln ließ ihr Gesicht aufleuchten. »Ich weiß, dass schon Frühling sein wird, wenn Sie wieder zu uns kommen werden«, sagte sie. »Ich benötige Stoff, wie immer, für die Kleider, die wir nähen müssen. Fäden und Knöpfe. Und wenn Sie meine Scheren und Messer schleifen könnten –«

Paul nickte. »Und wie wäre es mit Porzellan?« Er

zeigte auf das Geschirr auf dem geöffneten Gestell. »Knochenporzellan der besten Qualität. Den ganzen weiten Weg von England her importiert. Das wird auch Ihren anspruchsvollsten Gästen gefallen.«

Frau Weaver näherte sich dem Wagen, nahm eine Tasse in die Hand und las den Namen auf der Unterseite. Als sie die Tasse ins Licht hielt, erinnerte sich Libby daran, dass Paul nach Vorwänden suchte, damit sie länger bleiben konnten. Während Paul und Frau Weaver begannen, über den Preis des Porzellans zu verhandeln, nahm Libby ihre Zeichnungen der Wildblumen hervor und stellte sie auf den Sitz. Dann begann sie den kleinen Jungen zu skizzieren, der sich an Frau Weavers Schürze festhielt.

Als Libby die runden Wangen des Jungen zeichnete, bemerkte sie, wie sich die anderen um sie scharten. Das Mädchen, von dem Libby dachte, dass es Serena war, stand etwas weiter hinten. Ihre krausen schwarzen Haare steckten unter einem Kopftuch, und sie trug eine weiße Schürze, als arbeitete sie im Haus.

Ich wünschte, ich könnte mit ihr sprechen, dachte Libby. *Ich wünschte, ich könnte sie nach ihrem Namen fragen.* Stattdessen zeichnete sie weiter den kleinen Jungen. Als sich Paul und Frau Weaver schließlich auf einen Preis für das Porzellan geeinigt hatten, hatte Libby die Augen und die Nase des Jungen fertig skizziert.

Frau Weaver drehte sich um. »Serena!« Sofort stellte das Mädchen mit der weißen Schürze das jüngere Kind auf den Boden.

Also IST sie Jordans Schwester!, dachte Libby.

Als Serena nach vorne ging, blieb Schmutz vom Erdboden an ihren nackten Füßen hängen. Sie stellte sich neben Frau Weaver und wartete mit dem Blick auf den Boden gerichtet.

Frau Weaver befahl Serena, das Porzellan ins Haus zu tragen. Daraufhin gingen sie und die große schwarze Frau mehrmals zwischen dem Wagen und dem Haus hin und her. Nachdem Frau Weaver Unmengen von Stoff gekauft hatte, trat das Mädchen, das Libby auf der vorderen Veranda gesehen hatte, nach vorne.

»Melanie hätte gerne einige Halsketten«, sagte Frau Weaver.

Das lange Haar ihrer Tochter war nach hinten gekämmt und wurde von einem Haarband zusammengehalten, ganz ähnlich wie Libbys Haar. Doch Melanies Augen blickten unzufrieden, als wäre sie des Lebens überdrüssig. Statt eine Halskette auszuwählen, wollte sie beinahe alle haben.

Als die wartenden Kinder unruhig wurden, sagte Paul: »Wenn wir mit allem fertig sind, bekommt ihr alle ein Bonbon von mir.«

Die jüngeren Kinder kamen näher, doch Serena hielt sich zurück, als wäre sie sich nicht sicher, ob sie ebenfalls gemeint war. Doch Paul bemerkte sie.

»Ich habe genug für alle«, sagte er.

Als Melanie sich schließlich entschieden hatte, drehte sie sich um. »Serena!«

Immer noch mit dem Blick auf den Boden gerichtet, trat Serena vor. Sie hielt beide Arme nach vorne, und Melanie hängte die Halsketten über Serenas Handgelenke. Mit ausgestreckten Armen, damit die Ketten ihre Schürze nicht berührten, hielt Serena die Ketten ganz vorsichtig.

»Bring die Halsketten in mein Zimmer«, befahl Melanie.

Serena blickte ganz kurz zu Paul, als dächte sie daran, dass er Bonbons versprochen hatte. Dann ging sie langsam weg.

»Serena!«, rief Paul ihr nach. »Ich werde immer noch hier sein, wenn du zurückkommst.«

Mit vorsichtigen Schritten ging Serena zum Haus. *Ich frage mich, was geschähe, falls sie eine Halskette fallen ließe*, dachte Libby.

Da sie vor Melanie und Frau Weaver ihre Gefühle nicht zeigen wollte, blickte Libby nach unten. Ihre Zeichnung nahm langsam Gestalt an, und Libby zeichnete nun die Wimpern des Jungen. Zwischen ihm und dem Papier hin und her blickend zeichnete Libby als Nächstes seine Lippen.

Genau in diesem Augenblick bemerkte Frau Weaver Libbys Wildblumenzeichnungen. »Die sind gut!«, rief sie aus. »Maiäpfel und Veilchen. Genauso wie sie in unseren Frühlingswäldern wachsen!«

»Danke«, sagte Libby leise. Schon immer war sie dankbar gewesen für den Zeichenunterricht, den sie gehabt hatte. Aber sie war auch jedes Mal überrascht, wenn ihre Zeichnungen jemandem gefielen.

»Sind die zum Verkauf?«, fragte Frau Weaver.

Überrascht blickte Libby zu Paul.

»Selbstverständlich«, sagte er schnell. »Ich werde hier von einer begabten Künstlerin begleitet, nicht wahr?«

Unsicher, ob Paul es ernst meinte oder nicht, blickte Libby nach unten. Ihre Zeichnung des Jungen war beinahe fertig.

»Oooh!« Frau Weavers Ausruf unterbrach Libbys Gedanken. »Mein Sohn Randolph! Sie haben das eben gezeichnet?«

Als Libby nickte, wandte sich Frau Weaver an Paul. »Einigen wir uns auf einen Preis für die Wildblumenzeichnungen.«

Sobald sie sich auf einen Betrag geeinigt hatten, wandte sich Frau Weaver wieder an Libby. »Ich habe früher mit Öl gemalt. Würden Sie zwei weitere Zeichnungen anfertigen – eine von Jonathan und eine von Melanie?«

Inzwischen hatte sich Melanie entfernt, doch Libby lächelte den Jungen an, dem sie bereits begegnet war. Es würde ein Vergnügen sein, Jonathan zu zeichnen, aber Melanie? Libby graute davor. Schon mehr als einmal war sie zu ehrlich gewesen, was jemandes Aussehen betraf.

Ich muss die Unzufriedenheit in Melanies Augen ändern, dachte Libby.

»Wenn Sie Ihre Zeichnung von Jonathan fertig haben, können Sie sie ins Haus bringen?«, bat Frau Weaver. »Ich werde meinen Mann fragen, ob Sie uns alle zeichnen können – die ganze Familie beisammen.«

Innerlich schluckte Libby schwer. *Das kann ich nicht*, dachte sie. Doch als sie zu Paul hinüberschaute, zwinkerte er ermutigend und bestätigend mit den Augen.

»Nun muss ich gehen«, erklärte Frau Weaver. »Wenn Sie die Zeichnungen fertig haben, werde ich Sie für Ihre Arbeit entschädigen. Mein Mann isst gerne pünktlich.«

Als Frau Weaver auf das Haus zuging, erblickte Libby einen Mann bei der Seitentür. Sein Haar war zurückgekämmt und jede Strähne an ihrem Ort. Der Mann trug einen Dreiteiler. Der Hausierer nickte Herrn Weaver zu, als dieser zum Gruß die Hand erhob, bevor er ins Haus verschwand.

Paul wartete, bis Serena zurückkehrte. Erst dann bot er auch den anderen Kindern ihr Bonbon an. Als Serena erneut zögerte, sagte er: »Kommt, kommt, es ist genug für alle da.«

Er nahm den Krug, den die Kinder die ganze Zeit beobachtet hatten, herunter und öffnete den Deckel. Als alle Kinder eine Hand hochhielten, legte Paul in alle offenen Handflächen jeweils genau ein Bonbon.

Serena kam als Letzte nach vorn. Als Paul den Krug kippte, bewegte sich seine Hand schnell und umschloss zwei Bonbons. Als Serena die Hände ausstreckte, ließ er beide Bonbons in ihre offenen Hände fallen. Sofort schlossen sich Serenas Finger darum.

Niemand außer mir hat das gesehen, dachte Libby.

Serena blickte Paul kurz in die Augen. »Danke, Herr Martin«, sagte sie leise. Nicht einmal ihr Blick verriet, dass sie wusste, dass sie zwei Bonbons statt nur eines bekommen hatte. Dann ging Serena zum Haus.

Später, als Paul Messer schliff, schlich Serena zum Wagen zurück. Still stand sie da und schaute seinen flinken Fingern und den Funken, die vom Schleifstein wegflogen, zu. Niemand anders war in der Nähe, und Serena wartete, bis Pauls Rad sich langsam genug drehte, sodass sie leise sprechen konnte.

»Was wollen Sie mir sagen, Herr Martin?«, fragte sie.

Libby horchte sofort auf. Waren die zwei Bonbons eine Art Zeichen zwischen ihnen gewesen? Papa hatte gesagt, dass Paul bei der »Untergrundbahn« arbeitete.

Als Paul sprach, blickte er Serena nicht an. Seine Augen waren immer noch auf das Messer gerichtet, das er schliff. Er sagte: »Sag deiner Mamma, sie soll auf ein Signal achten.«

Als wäre die Morgensonne in ihr aufgegangen, ging ein Leuchten über Serenas Gesicht. Dann – genauso schnell, wie es gekommen war – erlosch das Leuchten wieder. Serenas Gesicht wurde ausdruckslos.

Sie drehte sich um und rannte zum Haus.

Sobald das Abendessen vorüber war, kam Jonathan zum Wagen zurück. Eifrig darauf bedacht, sich zeichnen zu lassen, setzte er sich auf den Hocker, den Libby ihm zuwies.

Libby blickte ihn mit prüfendem Künstlerblick an, erst aus einer Richtung, dann aus einer anderen. Schließlich, nachdem sie Jonathan ein wenig verschoben hatte, begann sie zu zeichnen. Sie hatte erst einige Linien zu Papier gebracht, als Herr Weaver zum Wagen herauskam.

Paul grüßte den Mann höflich, doch Libby hörte die Reserviertheit aus seiner Stimme heraus. Als Herr Weaver begann, um den Preis von Landwirtschaftswerkzeugen zu feilschen, spürte Libby erneut den Unterschied in Pauls Verhalten.

Schließlich ging Herr Weaver zum Haus zurück, und Libby skizzierte weiter. Schon bald bemerkte sie, dass mit dem Bild etwas nicht in Ordnung war. Jonathan sah nicht so aus, wie er aussehen sollte. Schließlich musste Libby aufgeben.

»Was ist nicht gut?«, fragte der Junge, als Libby das Papier zerriss.

»Du siehst einfach nicht gut aus«, antwortete Libby.

Jonathan kicherte. »Das sagen viele Leute.«

»Nein, das meine ich nicht.« Verlegenheitsröte stieg Libby ins Gesicht. »Du siehst gut aus. Ich schaffe es einfach nicht, dass dir das Bild ähnlich sieht.«

Das fand Jonathan wieder lustig. Als er lachte, wusste Libby, was fehlte. Sie wollte ihn so glücklich darstellen, wie er am Bach ausgesehen hatte. »Jonathan, kannst du deine Angelrute holen und sie dir über die Schulter legen?«, fragte sie.

»Hmm, ich weiß nicht. Ich glaube, das Bild würde Pa nicht gefallen«, wandte er ein.

»Wir versuchen es einfach einmal«, schlug Libby vor.

Als Jonathan zurückkehrte, trug er die Rute über der Schulter. Der tote Fisch hing immer noch an der Angel. Libby fragte sich, wie lange es wohl dauern würde, bis der Fisch zu stinken begann.

Diesmal gelang ihr die Zeichnung. Als sie mit dem Zeichnen etwa halb fertig war, begann Libby Fragen zu stellen.

»Jonathan, der Junge, der ein Ehrenmitglied deines Clubs ist … Weißt du was? Ich glaube, ich habe ihn nicht gesehen. Wo ist er?«

»Er arbeitet.« Jonathans Gesichtsausdruck verriet deutlich, was er davon hielt. »Er arbeitet, bis die Sonne untergeht.«

»Auf dem Feld?«, fragte Libby. Auf dem Feld vor dem Haus befanden sich keine Arbeiter. War Zack auf dem Feld hinter dem Haus?

Jonathan zeigte in jene Richtung.

»Und euer geheimer Treffpunkt ist auch da?«, fragte Libby.

»Ach was! Ich und Zack verstecken uns unter der Brücke.« Jonathan blickte zum Bach und zu der Straße, die an den Ort führte, an dem Paul und Libby eine Rast eingelegt hatten. »Es gibt genügend Platz unter der Brücke – ein sandiges Uferstück, wo wir sitzen können, ohne nass zu werden. Zack erzählt mir dort Geschichten.«

Als Jonathan schließlich nicht mehr still sitzen mochte, war Libby weit genug, um ihn gehen zu lassen. Am Ende war sie zufrieden mit ihrer Zeichnung. Jonathan sah aus, als wäre er zu einem Spaß aufgelegt.

Als Libby auf das große Haus zuging, war sie sich nicht sicher, ob sie zur Seiten-, Hinter- oder Vordertür gehen sollte. Sie blieb stehen und hatte Angst weiterzugehen. Dann dachte sie darüber nach. *Falls ich eine professionelle Künstlerin wäre, würde ich mich nicht ängstlich herumschleichen. Ich würde direkt zum Vordereingang gehen.*

Als Libby die Veranda mit den hohen Säulen erreichte, kam Melanie aus der Tür. Ihre Augen blickten immer noch unzufrieden, sogar bitter.

»Gehen Sie nur rein«, sagte sie, als Libby nach ihren Eltern fragte. »Sie sind im Zimmer gleich hinter dem Vordereingang.«

Libby fand sich in einem Flur wieder, von dem aus Treppen nach oben führten. Geradeaus führte eine andere Tür zur hinteren Veranda. Zu Libbys Linken sah sie durch eine halb geöffnete Tür das Wohnzimmer.

An der gegenüberliegenden Wand befand sich ein offener Kamin, in dem gegen die Feuchtigkeit des Abends ein Feuer prasselte. Weiter hinten erstreckte sich ein hohes Fenster von etwa einem Meter über dem Boden bis zur ungefähr dreieinhalb Meter hohen Decke hinauf. Lange Vorhänge hingen auf beiden Seiten des Fensters, und daneben befand sich eine weitere Tür. Vor dem Feuer saßen Herr und Frau Weaver mit dem Rücken zu Libby.

Sie wollte gerade am Türpfosten klopfen, als Herr Weaver zu sprechen begann. »Ich habe einen Käufer für Zack«, sagte er.

Statt zu klopfen, ließ Libby die Hand sinken und horchte.

»Du willst *Zack* verkaufen?« Frau Weaver klang aufgebracht. »Das hast du mir gar nicht erzählt.«

»Ich erzähle es dir jetzt.«

»Aber Hatties Ehemann und einer ihrer Söhne wurden schon von ihr wegverkauft.«

Dann hat Herr Weaver seiner Frau noch nicht erzählt, dass er die GANZE Familie von Jordan verkaufen will. Er sucht also immer noch Käufer für Hattie und die Mädchen, dachte Libby, als sie an das Plakat am Baum dachte.

Auf der anderen Seite des Zimmers hing ein Spiegel genau im richtigen Winkel, sodass Libby den Schmerz in Frau Weavers Gesicht sehen konnte. »Du brichst Hattie das Herz, wenn du ihren Armen noch einen Sohn entreißt«, sagte sie. »Das kannst du ihr nicht antun.«

»Ich habe ihren Mann nicht verkauft.« Herr Weaver klang verärgert. »Ich habe ihren älteren Jungen nicht verkauft.«

»Natürlich nicht. Aber jemand anders.«

»Wir hatten noch nie einen Sklaven, der sich so gut um unsere Kinder gekümmert hat«, fuhr Frau Weaver fort. »Als ich krank war, hat sich Hattie Tag und Nacht um den kleinen Randolph bemüht. Er wäre gestorben, wenn sie nicht gewacht und ihn gefüttert hätte.«

Doch Herr Weaver schüttelte den Kopf. »Es hat keinen Zweck, Dorothy. Ich habe mehr Land gekauft. Ich muss es bezahlen.«

Tränen traten Frau Weaver in die Augen. »Früher hast du unsere Leute geliebt. Was ist geschehen, das dich so verändert hat?«

Herr Weaver seufzte. »Ich kann dir irgendwie nie genug geben.«

»Genug wovon?«

»Geld. Schöne Dinge.«

Frau Weavers Augen blickten erschrocken. »Aber du hast mich nie gefragt. Denkst du, das ist es, was ich will? Hab ich dir je gesagt, dass es das ist, was ich will?«

Dann nahm ihr Gesicht einen erschöpften Ausdruck an. »Oh, wahrscheinlich schon. Einen Tag vor Melanies Geburt habe ich unser Zuhause mit dem verglichen, was mein Vater nach dreißig Jahren harter Arbeit hatte. Aber als ich mich veränderte, habe ich es dir nie gesagt.«

Vor Libbys Augen schien Frau Weavers Gesicht zu altern. »Ich bin genauso schuld wie du«, sagte sie ihrem Mann. »Und nun will ich eigentlich nur dich und die

Kinder. Ich will ein Zuhause und das Essen und die Kleider, die sie brauchen. Aber all dies –«

Frau Weaver machte eine Handbewegung, die die Möbel und Gemälde einschloss. »Wir könnten das anstelle von Zack verkaufen. Wir brauchen es nicht.«

Herr Weaver blickte sich im Wohnzimmer um. »Du würdest etwas verkaufen, was du selbst gemalt hast? Und die Möbel, die du aus dem Süden mitgebracht hast? Wer könnte uns je zahlen, was sie wirklich wert sind? Der Mann, der morgen kommt, will Zack als Kameraden für seinen Sohn.«

Wütend starrte Frau Weaver ihren Mann an. »Zack ist der beste Freund *unseres* Sohnes.«

Herr Weavers Stimme war hart. »Der Junge muss gehen«, sagte er.

Als könnte sie den Anblick ihres Mannes nicht länger ertragen, neigte Frau Weaver den Kopf und bedeckte ihre Augen. Als das Geräusch von Weinen den Raum erfüllte, lehnte sich Libby vor. Erneut fielen ihr die langen weiten Vorhänge vor dem Fenster auf der anderen Seite des Raumes auf. Da bewegte sich plötzlich einer der Vorhänge.

Nächtlicher Besuch

Als Frau Weaver nicht aufhörte zu weinen, lehnte sich Herr Weaver zu seiner Frau. »Komm, komm, Dorothy«, murmelte er, als wären ihm ihre Tränen peinlich.

Zum ersten Mal sah Libby das Gesicht des Mannes im Spiegel. Kalt und verärgert schien er, trotz seiner Worte.

Als Frau Weaver aufschaute, waren ihre Augen vom Weinen gerötet. »Wir haben schon so viele falsche Entscheidungen getroffen. Hattie ihres Sohnes zu berauben, wäre das größte Unrecht von allen.«

»Wir haben keine andere Wahl, Dorothy. Das Land, das ich erworben habe, muss bezahlt werden, sonst verlieren wir, was wir schon haben.«

»Also können dich Worte nicht mehr umstimmen?«

»Nein, Dorothy. Überhaupt nicht. Der Junge geht am Morgen.«

Als der Raum erneut von Weinen erfüllt wurde, begann sich Libby langsam zu entfernen. Sie musste wegkommen, bevor sie entdeckt wurde. Doch genau in diesem Augenblick bewegte sich der lange Vorhang erneut. Während Libby zuschaute, schob eine Jungenhand den Stoff beiseite. Dann erschien ein Gesicht. *Jonathan!*

Einen Augenblick lang wartete er, um sicherzugehen, dass seine Eltern in die andere Richtung schauten. Dann schlich er zur nächsten Tür hinaus.

Erneut trat Libby einen Schritt zurück. Als sie zur Vordertür schlich, waren ihre Gefühle aufgewühlt. Lautlos öffnete sie die Tür und trat hinaus.

Als Libby schließlich Paul erreichte, zitterte sie sowohl vor Wut als auch vor Angst. Stotternd versuchte sie sich mitzuteilen. »Jonathan weiß, was mit seinem besten Freund geschehen wird.«

In der darauf folgenden Stille bot Paul Libby einen Platz auf einer Bank an. Als brauchte er Zeit, um nachzudenken, zündete er eine Laterne an und stellte sie auf eine andere Bank.

»Was sollen wir tun?«, fragte Libby schließlich.

»Du musst zurückgehen«, sagte er. »Kläre ab, ob sie sich am Morgen als Familie von dir zeichnen lassen wollen.«

»Ich soll zu einem solchen Zeitpunkt noch ein Bild zeichnen?«

»Vielleicht schon. Vielleicht nicht«, erwiderte Paul. »Zeig ihnen einfach deine Zeichnung von Jonathan und schau, was Herr Weaver sagt.«

»Aber, Paul –« Die schreckliche Szene im Wohnzimmer wollte Libby nicht aus dem Kopf gehen. »Ich kann nicht in diesen Raum zurückgehen.«

»Falls Jordan dich bitten würde, in diesen Raum zu gehen, würdest du es tun?«

Libby starrte Paul an. »Ich glaube schon«, sagte sie langsam.

»Warum?«

Libby dachte darüber nach. »Weil Jordans Familie auseinandergerissen wird. Und außerdem: Jordan hat schon immer gewusst, dass er seine Leute in die Freiheit führen würde. Seit er ein kleiner Junge war, hat seine Mamma ihm das gesagt. Und Gott hat es Jordan auch gesagt.«

»Dann versuchen wir, noch mehr Zeit für Jordan herauszuschlagen«, meinte Paul. »Wir wissen nicht, warum er nicht hier ist. Was auch immer nicht in Ordnung ist – es gibt bestimmt einen guten Grund dafür.«

»Aber was ist mit Jordans Mutter?«, sagte Libby. »Sie muss Zack nehmen und in dieser Nacht davonlaufen. Wir könnten sie mitnehmen.«

»Vielleicht«, sagte Paul. »Aber geh zuerst und sprich mit den Weavers, bevor sie zu Bett gehen. Vielleicht kommt Jordan ja, während du dort bist.«

Libby war immer noch von Schrecken erfüllt. Eine Sache musste sie noch wissen. »Als Jordan mit Caleb und mir betete, bat er Gott um seine Gunst. Was heißt das?«

»Verschiedenes«, antwortete Paul. »Wenn du etwas gut machst, gefällt vielleicht jemandem, was du tust. Das ist menschliche Gunst.«

»So wie Frau Weaver meine Zeichnungen gefallen.«

Paul nickte. »Aber wenn Gott uns seine Gunst gibt, bedeutet es viel mehr. Er segnet dich, nicht weil du es verdienst, sondern weil Gott so ist. Er segnet die Menschen gerne. Er will uns helfen.«

Paul nahm die Laterne. »Ob diese Flamme brennt oder nicht, hängt von etwas ab, was du tust. Du zündest sie an oder nicht. Wenn du etwas tust, was den Leuten gefällt, sind sie dir vielleicht günstig gestimmt. Aber Gottes Gunst ist wie die Sonne. Gott löscht die Sonne nicht. Manchmal verdecken uns Wolken die Sicht, aber die Sonne ist immer noch da.«

»Dann beten wir am besten für Gunst«, sagte Libby. »Für beide Arten von Gunst.«

Ein zweites Mal nahm sie die Zeichnung von Jonathan. Im Licht der Laterne wirkte der tote Fisch beinahe lebendig. Als sie ihn sah, fühlte sich Libby besser. Dann bemerkte sie, wie Pauls Augen aufblitzten.

»Vergiss nicht, Libby: Du bist nun eine professionelle Künstlerin. Du hast bereits zwei Zeichnungen von Wildblumen und eine von Randolph verkauft.«

Diesmal machte Libby auf dem Weg zum Haus möglichst viel Lärm. Als sie die Vordertür erreichte, ging sie nicht hinein. Stattdessen klopfte sie laut. Nachdem Serena die Tür geöffnet hatte, führte sie Libby ins Wohnzimmer.

Herr und Frau Weaver saßen immer noch vor dem Feuer, das beinahe heruntergebrannt war. Frau Weavers Augen waren immer noch gerötet. Doch wenn Libby sie nicht sprechen gehört hätte, hätte sie vielleicht ihre Uneinigkeit nicht wahrgenommen.

»Ich habe die Zeichnung von Jonathan fertiggestellt«, sagte Libby und hoffte, sie könnte bald wieder verschwinden.

Frau Weaver nahm das Bild entgegen und hielt es auf Armeslänge. Ohne ein Wort zu sagen, betrachtete sie die Zeichnung.

»Was ist es?«, fragte ihr Mann.

Frau Weaver blickte Libby in die Augen. »Es ist unser Sohn Jonathan von seiner besten Seite – wenn er glücklich ist.«

Herr Weaver stand auf und schaute seiner Frau über die Schulter. »Von seiner besten Seite mit einem Fisch über der Schulter?«

»Ja.« Frau Weaver lächelte weich, als wüsste sie, dass Libby das verstand. »Sie haben uns mehr gegeben, als Sie wissen«, sagte Frau Weaver ihr. »Wir wollen Ihnen diese Zeichnung abkaufen.«

Dann, als käme ihr das Gespräch in den Sinn, das Libby belauscht hatte, hielt Frau Weaver inne. »Doch ich möchte Ihnen etwas Besseres geben als Geld – etwas, was mein Vater mir vor langer Zeit gab, als ich mein erstes Gemälde verkaufte.«

Vorsichtig machte Frau Weaver ein Armband, das sie ums Handgelenk trug, auf. Sie reichte es Libby.

»Aber du kannst doch nicht –«, fing ihr Mann an.

»Doch, ich kann. Es gehört mir. Nun gehört es Libby. Sie hat mich an etwas Wichtiges erinnert.«

Frau Weaver blickte ihren Mann an. »Wir haben noch nicht darüber gesprochen«, erklärte sie Libby. »Aber am Morgen, gleich nach dem Frühstück, möchten wir, dass Sie die ganze Familie zeichnen. Wir werden für Sie vor unserem Haus sitzen. Sie können uns so platzieren, wie Sie wollen.«

Als Libby den Raum verließ, traute sie sich nicht, Herrn Weaver anzuschauen.

Wieder zurück bei Paul sah Libby, dass er so viele Kisten wie möglich verschoben hatte, sodass sich Libby im Wagen ein Bett einrichten konnte. Pauls Bettzeug lag nicht weit entfernt zusammengerollt auf dem Boden.

Als Libby Paul das Armband zeigte, war er überrascht. »Es ist sehr wertvoll. Pass gut darauf auf. Frau Weaver kommt aus einer vermögenden Familie in den Südstaaten.«

So viel ihr Frau Weavers Freundlichkeit auch bedeutete, war Libbys Sorge um Caleb und Jordan doch größer. »Sind sie in meiner Abwesenheit gekommen?«

Paul schüttelte den Kopf. »Ich will mir keine Sorgen machen, aber ich bin beunruhigt.«

»Paul –« Libby hatte sich einen Plan zurechtgelegt. »Ich glaube, ich weiß, wo Jordans Mutter schläft. Ich habe gesehen, wie Sklaven dort eine Treppe hinaufgingen. Die Frauen sahen so aus, als arbeiteten sie im Haus.«

»Das würde einen Sinn ergeben«, sagte Paul. »Sklaven, die im Haus arbeiten, wohnen normalerweise dort. Aber ihr Hausteil ist gewöhnlich vom Wohnraum der Familie getrennt.«

»Und Serena und Rose?«

»Wahrscheinlich bei Hattie. Aber Zack ist ziemlich sicher außerhalb in einer Hütte.«

»Denkst du, ich sollte mit Jordans Mutter sprechen?«

»Wenn du gehst, gibt es vermutlich zwei Räume für Sklaven. Du darfst dich auf keinen Fall im Raum irren.«

Plötzlich machte die Aussicht auf das Bevorstehende Libby Angst. Als sie zu ihrem Nachtlager im Wagen kroch, wollte sie nichts mehr tun. Falls sie lange genug wartete, würden Jordan und Caleb vielleicht kommen.

Eine Lampe nach der anderen wurde im großen Haus gelöscht. Durch eine Öffnung zwischen den Wagenbrettern beobachtete Libby, wie das Haus dunkel wurde.

Gleichzeitig wurde das Gefühl stärker, dass sie keine andere Wahl hatte und etwas unternehmen musste. Sie dachte an Jordans Worte. *»Falls Caleb und ich nicht kommen können, hat Mamma eine andere Möglichkeit zu entkommen.«* Es wäre äußerst lieblos, Hattie nicht zu erzählen, was gerade geschah.

Schließlich konnte Libby nicht mehr länger ruhig liegen bleiben. Sie ließ ihre Schuhe im Wagen und stieg hinunter. »Ich gehe«, sagte sie Paul. »Falls die Hunde zu bellen anfangen –«

»Die sind in der Scheune«, sagte Paul. »Nur einer nicht. Ich war schon so oft hier, dass er mich kennt. Es ist Jonathans Lieblingshund.«

Leise schlich sich Libby zur Hinterseite des Hauses. Dort wartete sie, bis sich ihre Augen an die Dunkelheit gewöhnt hatten. Dann huschte sie leise um die Ecke zu der offenen Veranda und der Treppe zum ersten Stock.

Auf den Stufen hielt sich Libby am Geländer fest und ging auf einer Seite in der Hoffnung, dass die Stufen nicht knarrten. Die obere Veranda lag im Schatten. Libby konnte nicht sehen, wo sie genau war, und ertastete sich den Weg.

Paul hatte recht gehabt. Es führten zwei Türen ins Haus. Welche Tür war nun die richtige?

Wenn ich an der falschen Tür klopfe, verrate ich alles. Ich zerstöre alles, was Jordan vorhat. Und ich verrate, dass Paul bei der »Untergrundbahn« arbeitet.

Libby stand unschlüssig da. Ihr war kalt vor Angst.

Sogar wenn ich die richtige Tür erwische, könnten noch andere Frauen in Hatties Zimmer sein. Was, wenn ich alles falsch mache? Was, wenn ich versage?

Libby konnte sich nicht entscheiden und zog sich in den Schatten in einer Ecke der Veranda zurück. Als sie zu beten begann, dachte sie an Jordans Worte. »*Nur weil du etwas gemacht hast falsch, heißt das noch lang' nich', dass du alles machst falsch.*«

Seine Worte machten Libby Mut. Immer noch betend, entschied sie sich zu warten. Einige Minuten später wurde eine Tür geöffnet. In der Dunkelheit konnte Libby kaum ausmachen, wer es war. Es war Serena, die die kleine Rose auf dem Arm trug.

Ohne sich zu bewegen, wartete Libby, bis Serena das untere Ende der Treppe erreicht hatte. Dann klopfte sie leise an die Tür.

Als Jordans Mutter öffnete, flüsterte Libby: »Ich bin eine Freundin von Jordan.« Libby schlüpfte durch die Öffnung und machte die Tür hinter sich zu.

Von einem Tisch nahm Hattie einen Kerzenstumpf. Sie hielt ihn hoch und beäugte Libbys Gesicht. »Du 'ne Freundin von Jordan bist?«

Im Kerzenlicht sah Libby die Verwunderung in Hatties tiefbraunen Augen. Doch Libby bemerkte auch die Fragen. Schnell erzählte sie Hattie, was geschehen war, und sagte dann: »Dein Sohn Zack soll am Morgen verkauft werden.«

Ein schwacher Seufzer entwich den Lippen der Frau. Ein Seufzer, der schnell verstummte.

»Falls du deine Familie heute Nacht wegbringen willst, wird dir der Hausierer helfen«, sagte Libby.

»Wird Jordan sein da?«, fragte Hattie.

Libby musste ehrlich sein. »Jordan sollte schon seit vielen Stunden hier sein. Wir wissen nicht, was mit ihm ist.«

»Den ganzen Tag ich für ihn gebetet hab«, sagte Hattie. »Den ganzen Tag ich mich unruhig gefühlt hab.«

»Falls ihr jetzt gehen wollt«, meinte Libby, »könnte Zack bis zum Morgen weit weg sein.«

Als die Kerze flackerte, sah Libby erneut die Angst in Hatties Gesicht. Doch dann richtete sich Hattie gerade auf. Sie schloss die Augen und stand reglos da. Ihre Haltung erinnerte Libby an Jordan. Hattie blieb lange so still stehen, und Libby wusste, dass sie betete.

Als Jordans Mutter die Augen öffnete, sprach sie leise, aber bestimmt. »Ich soll nich' gehn jetzt«, sagte sie.

»Warum?«, flüsterte Libby.

»Wir müssen nich' nur weg von hier«, erklärte ihr Hattie. »Wir müssen gehn meilenweit über Land, durch Sümpfe und Flüsse. 's kann uns nich' einfach irgendjemand führen in die Freiheit.«

Hatties braune Augen zeigten ihren Schmerz. »Vor langer Zeit der Herr hat gerufen meinen Jordan, um rauszuführen unser Volk. Wenn jetzt geh ich, er weiß nich', wo bin ich. Falls er mich und Serena und Zack und die kleine Rose nicht kann finden – falls er sorgt sich, wo sind wir, dann mein Jordan sucht, bis man erwischt ihn.«

Hattie nahm einen langen zittrigen Atemzug. »Ich hierbleib, bis kommt Jordan.«

»Sicher?«, fragte Libby.

»Ich bin sicher.«

In ihrem tiefsten Innern war Libby noch besorgter um Hattie. *Falls Jordan nicht kommt – falls Zack am Morgen verkauft wird –*

Als könnte sie Libbys Gedanken lesen, ergriff Jordans Mutter noch einmal das Wort. »Ich Serena nichts sag von dem, was du erzählt hast mir. Falls Massa Weaver fragt sie, sie ihm nichts sagen kann.«

»Ich gehe, bevor sie zurückkommt«, sagte Libby schnell.

»Danke dir, Libby«, sagte Hattie sanft. »Ich die ganze Nacht bete für mein' Familie.«

Als Libby auf die Veranda hinausschlich, hörte sie leise Tritte auf der Treppe unter sich. Schnell trat sie in die Schatten. Immer noch mit Rose auf dem Arm ging Serena an Libby vorbei, keinen Meter von ihr entfernt.

Als sie wieder im Wagen war, konnte Libby nicht schlafen. Die Angst davor, was der Morgen bringen würde, lastete schwer auf ihr.

Jordans Signal

Ich *kann unmöglich die ganze Familie zeichnen*, sagte sich Libby. Bisher hatte sie nur einzelne Personen skizziert. Sie konnte sich nichts Schwierigeres vorstellen, als eine ganze Familie und ihr Haus dazu zu zeichnen.

Doch so beängstigend das auch war – im Vergleich zur Aufgabe, Jordans Familie zu befreien, schien es leicht. Während seiner Jahre in der Sklaverei hatte Jordan unzählige Rettungspläne für seine Familie geschmiedet. Seit er selbst geflüchtet war, hatte er sich oft mit Caleb darüber unterhalten, was wirklich durchführbar war.

Nun schien es, als ob gar nichts klappen würde. Immer wieder kamen Libby beängstigende Fragen in den Sinn. *Was würde geschehen, wenn Zacks neuer Besitzer kommt, bevor Jordan hier ist? Und was würde sein, wenn Jordan hierher kommt und gar nichts tun kann?*

Zum ersten Mal im Leben hasste Libby das Zwielicht der Dämmerung. *Jordans Mutter muss vor dem Sonnenaufgang grauen!*

Vor Tagesanbruch kroch Libby vom Wagen hinunter. Sie und Paul gingen gemeinsam zum großen Haus. Als Libby in die Küche trat, um Frühstück zu bekommen, fand sie Frau Weaver und Hattie schon dort.

Frau Weavers Augen waren rot und geschwollen vom Weinen. Doch ihr »Guten Morgen, Libby« klang fröhlich, als wäre nichts geschehen.

Neben ihr stand Hattie zu ihrer vollen Größe aufgerichtet da. Ihre kurzen Haare waren nah am Kopf gekräuselt. Mit sicheren Handbewegungen füllte Hattie zwei Schüsseln mit Hafergrütze. Sie ließ sich überhaupt nicht anmerken, dass sie Libby in der Nacht gesehen hatte, und benahm sich so, als wäre es ein ganz gewöhnlicher Tag.

Dann schaute Libby genauer hin. Hatties Gesichtsausdruck war nicht friedlich, wie Libby zuerst gedacht hatte. Stattdessen hatte sie denselben ausdruckslosen Blick, den Libby zuerst bei ihrem Sohn Jordan gesehen hatte. Dieser Blick verbarg jeden Gedanken, ob Freude oder Leid. Er verbarg jede Einstellung, sogar Wut oder Angst. Inzwischen wusste Libby, dass Sklaven diesen Ausdruck zu ihrem Schutz annahmen – um Gefühle zu verbergen, von denen es gefährlich wäre, sie zu zeigen.

Als Libby die zwei Schüsseln entgegennahm, sagte Frau Weaver zu Hattie: »Wenn wir fertig gefrühstückt haben, will ich, dass du einen großen Korb mit Esswaren packst. Bring ihn die Straße hinunter zu Frau Lawrence. Ich habe gehört, dass es ihr nicht besonders gut geht.«

Libby war schon halb zur Tür hinaus, als sie nochmals anhielt und zu Frau Weaver zurückschaute. *Sie will nicht, dass Hattie hier ist, wenn ihr Sohn verkauft wird*, dachte Libby.

Sie fühlte einen Schmerz, als hätte ihr jemand in den Bauch getreten. Doch Hatties Augen blickten immer noch ausdruckslos. Sie ließ nicht einmal die Schultern hängen – nichts verriet den Schmerz, den es ihr bereitete, noch einen Sohn zu verlieren.

Als Libby die zwei Schüsseln Hafergrütze nach draußen brachte, setzten sie und Paul sich auf den Stufen vor der Küche hin. Von dort aus konnten sie beobachten, was hinter dem Haus geschah.

Neben einer der Sklavenhütten saß ein magerer achtjähriger Junge am Boden. Allein und in der morgendlichen Kühle zitternd aß er seine Grütze ganz langsam, als wollte er sie voll auskosten.

Libby warf Paul einen Blick zu. »Zack?«, flüsterte sie.

»Ich denke schon«, antwortete Paul leise.

Dann stand Zack auf. So, als hasste er jeden Schritt, ging er auf den Schuppen zu, in dem die Werkzeuge aufbewahrt wurden. Mit einer Hacke über der Schulter folgte Zack den älteren Sklaven zum Maisfeld hinter dem Haus.

Augenblicke danach kroch die Sonne über den Horizont, doch Libbys Herz war von Dunkelheit erfüllt. Mit jeder verstreichenden Sekunde wuchs die Angst vor dem, was der Tag noch bringen würde. Wie um sich ihrer Stimmung anzupassen, begannen sich Wolken hinter den Wäldern auf der anderen Seite des Feldes aufzutürmen.

Libby stand auf und blickte durch die Küchentür. Als sie niemanden in der Küche sah, erzählte sie Paul, dass Frau Weaver Hattie befohlen hatte, einer Nachbarin einen Korb mit Esswaren zu bringen.

»Was würde geschehen, wenn Jordan kommt und er seine Familie nicht einmal hier vorfindet?«, fragte Libby.

Paul bedeutete ihr, leiser zu sein, und Libby senkte ihre Stimme noch mehr. Doch sie war immer noch aufgebracht. »Zack in einer Richtung, Jordans Mutter in einer anderen, die kleine Rose –« Libby brach ab. »Wo ist die kleine Rose?«

»In einer der Sklavenhütten. Die alte Frau, die du gestern gesehen hast, kümmert sich am Tag um sie.«

»Was sollen wir tun?«, flüsterte Libby verzweifelt.

»Beten.«

Beten. Als Zweifel sich bei Libby einschlichen, dachte sie an Calebs Oma und an Papa, die ihr gesagt hatten: »*Gott begleite dich, Libby.*« Sie dachte an Jordans Mutter, die die ganze Nacht gebetet hatte. Und sie dachte daran, wie Jordan gebetet hatte: »*Wir danken dir, Jesus – wenn wir sind schwach, du machst uns stark.*«

Wenn ich schwach bin, dann bin ich stark? Die Worte hallten in Libbys Gedanken wider. *Vielleicht ist es ja gut, sich schwach zu fühlen, damit mir bewusst wird, wie sehr ich Gottes Hilfe brauche!*

Libby konnte nicht mehr länger still sitzen und stand auf. »Hast du ein Brett, das ich benutzen kann?«, fragte sie Paul. »Etwas, was ich als Staffelei aufstellen kann, damit ich wie eine professionelle Künstlerin aussehe?«

Sobald Paul eine Staffelei aufgebaut hatte, trug Libby sie vor das Haus. Dann platzierte sie ihr Zeichenpapier.

Libby schaute zum Haus auf und zeichnete schnell einige feine Linien ein. Nachdem sie sich überlegt hatte, wo sie jede Person haben wollte, ging sie zum Hausiererwagen zurück. Paul verstaute alles im Wagen, damit er jederzeit aufbruchbereit war.

Genau in diesem Augenblick sah Libby einen Bauernwagen weit unten auf der Straße. »Vielleicht sind das Caleb und Jordan!«, flüsterte Libby.

Schon kurz darauf bemerkte sie, dass sie sich geirrt hatte. Der Mann, der die Zügel hielt, trug einen Strohhut, den er bis zu den Augen heruntergezogen hatte.

Der junge Mann neben ihm trug einen Anzug, ein weißes Hemd und einen Hut.

Paul stellte immer noch die Gestelle zusammen und ging dabei auf die andere Seite seines Wagens. Als Libby ihm folgte, standen die hohen Seitenwände des Hausiererwagens zwischen ihr und dem Haus.

Libby beobachtete, wie der Bauernwagen näher kam. Er hatte weniger hohe Seitenwände als der Wagen in Stillwater. Im hinteren Teil sah Libby einen großen Schrankkoffer und große Stoff-Reisetaschen mit Griffen.

Dann bemerkte Libby, dass die sich nähernden Personen ihr irgendwie doch bekannt vorkamen. Während Jordan die Zügel hielt, lehnte sich Caleb scheinbar entspannt und sorglos zurück. »Es sind *wirklich* Caleb und Jordan!«, flüsterte sie Paul zu.

Libby hätte am liebsten geschrien: »Sie sind tatsächlich hier!« Stattdessen fragte sie leise: »Was würde sein, wenn Zacks neuer Besitzer gleich jetzt kommt? Was sollen wir tun?«

In Windeseile erreichten die Pferde die Zufahrtsstraße zur Farm. Als sie abbogen, kippte eine Ecke des Wagens, neigte sich in einem verrückten Winkel und fiel dann zu Boden. Ein Wagenrad rollte in ein Feld davon.

»Oh nein!«, stöhnte Libby. »Was kann eigentlich *noch* schiefgehen?«

Sie und Paul schauten zu, wie Caleb und Jordan herunterstiegen, um das Rad zu begutachten. Während Jordan das Rad zum Wagen rollte, stolzierte Caleb die Zufahrt herauf. Mit Anzug und Hut sah er mindestens drei Jahre älter aus, als er war. Als Libby einige

Schritte auf ihn zuging, um einen besseren Überblick zu haben, bemerkte sie, dass Herr Weaver aus der vorderen Veranda herausgekommen war.

»Guten Morgen«, rief Caleb ihm zu und hob höflich den Hut. »Wir haben gerade ein kleines Problem.«

»Ja, das sieht man.«

»Mein Diener sagt, er wisse, wie er den Schaden beheben könne«, sagte Caleb. »Die Mutter hat sich vom Rad gelöst.«

»Ich habe immer einige Muttern auf Lager«, antwortete Herr Weaver. »Vielleicht kann ich Ihnen aushelfen.« Dann warf er einen Blick auf Paul. »Wenn ich es mir recht überlege: Meine Familie und ich sollen gleich für ein Bild posieren. Der Hausierer hat bestimmt genau das, was Sie benötigen.«

Als Caleb ihn rief, kam Jordan die lange Zufahrtsstraße hinauf. Mit gebeugtem Kopf und hängenden Schultern schlurfte er herzu.

»He, beeil dich ein bisschen!«, rief Caleb ihm zum. »Wir haben nicht ewig Zeit!«

Das Schlurfen und den gebeugten Kopf ließen Jordan hilflos und schwach erscheinen. Er stolperte fast, doch fing sich rechtzeitig auf. Mit schnelleren Schritten kam er näher.

Als Jordan schließlich beim Hausiererwagen ankam, traf er Libby, Caleb und Paul auf der Seite des Wagens an, die dem Haus abgewandt war. Als Paul eine Schublade öffnete, als suchte er nach einer Mutter, sprach Libby schnell.

»Herr Weaver hat Zack verkauft«, informierte sie Jordan. »Sein neuer Besitzer kommt heute Morgen.«

Jordan stöhnte. »Was? Er *heut'* Morgen kommt?«

Libby nickte. »Ich habe Frau Weaver mit ihrem Mann streiten hören.«

Jordans Augen blitzten vor Zorn. »Weiß es Mamma?«

»Ich hab's ihr letzte Nacht erzählt«, sagte Libby.

»Dann wir gehn gleich los«, antwortete Jordan.

»Gleich *jetzt*?«, fragte Caleb. »Es ist mitten am Tag. Wenn Zack verkauft wird, können wir vielleicht dorthin gehen, wo er dann ist, und uns nächste Nacht mit ihm davonstehlen.«

»Oder auch nicht«, erwiderte Jordan. »Wo Zack jetzt ist?«, fragte er Libby.

»Auf dem Feld hinter dem Haus. Ich glaube, Rose ist in einer Hütte.«

»Mein' Schwester Serena?«

»Wir haben sie heute Morgen nicht gesehen«, sagte Libby. »Wahrscheinlich im Haus.«

»Dann wir jetzt gehn«, sagte Jordan erneut.

»Mit einem kaputten Wagen?« Dann kam Libby noch etwas in den Sinn. Es gab da noch etwas, was die Befreiung noch unmöglicher machte. »Ich habe gehört, wie Frau Weaver deiner Mamma gesagt hat, sie solle mit einem Korb voll Esswaren zu einer Nachbarin gehen.«

»Echt?« Jordan grinste verschmitzt. »Dann wir wirklich bereit sind loszufahren!«

»Jordan, bist du dir sicher?« Diesmal war es Paul, der ihn warnte. Sie alle wussten, dass sich die meisten flüchtigen Sklaven tagsüber versteckten und in der Nacht reisten.

Jordans Grinsen verschwand. Sein Blick wurde ernst, als er dem Hausierer ins Gesicht schaute. »Tief drinnen –« Er klopfte sich auf die Brust. »Und genau hier –« Er tippte an seine Stirn. »Ich weiß, was sagt der Herr. Er mir sagt: ›Geh jetzt!‹«

»Dann sag uns, was wir tun sollen«, antwortete Paul.

Bevor Jordan ein weiteres Wort sagen konnte, hörte Libby Stimmen auf der Veranda. Als sie um den Wagen herumschaute, waren Herr Weaver und Melanie da und außerdem ein Sklave, der Stühle auf den Rasen stellte. Libby raffte ihre Stifte zusammen und eilte hinüber.

Dann kam Frau Weaver mit Randolph auf dem Arm heraus. Als sie zur Straße blickte, bemerkte sie den Wagen. »Was ist los?«, fragte sie ihren Mann.

Als er es ihr erklärte, kamen Caleb und Jordan um den Hausiererwagen herum. Sie gingen auf das Haus zu, doch Jordan schlurfte einige Schritte hinter Caleb her.

Frau Weaver rief ins Haus zurück: »Serena!«

Einen Augenblick später erschien Jordans Schwester. Mit gebeugtem Kopf und Blick auf den Boden gerichtet trat Serena auf die Veranda heraus.

»Hol diesen Männern etwas Wasser vom Brunnen«, befahl Frau Weaver ihr.

Als Serena sich umdrehte, hob sie den Blick. Einen Augenblick lang blickte sie Jordan an. In jenem Augenblick wurden ihre Augen von Jubel erfüllt. Dann wurde Serenas Gesicht wieder ausdruckslos.

»Falls Sie Wasser für die Pferde wollen – der Brunnen ist hier hinten«, sagte sie und ging ums Haus.

»Ich warte«, sagte Caleb den Weavers. »Mein Diener wird sich um alles kümmern.«

Als Libby die Familienmitglieder an ihre Plätze führte, lehnte sich Caleb gegen eine der weißen Säulen auf der Veranda. Für Frau Weaver wählte Libby einen Stuhl in der Mitte. Hinter seiner Frau sollte Herr Weaver stehen. Der junge Randolph auf Frau Weavers Schoß. Jonathan links auf dem Boden. Melanie rechts stehend.

Zuerst wurde Libby durch Calebs Gegenwart noch nervöser. Es war schlimm genug, etwas zu versuchen, von dem sie wusste, dass sie es nicht konnte. Aber so zu tun, als ob nichts Weltbewegendes geschähe, machte es nur noch schlimmer.

Wo soll ich beginnen? Libby wusste nicht einmal, ob sie sich beeilen sollte oder nicht. *Wie viel Zeit benötigt Jordan?*

Da Caleb hinter der Familie stand, konnte Libby ihn jedes Mal sehen, wenn sie aufblickte. *Oh Caleb, schau mich bitte nicht an!* Libby war es sowieso schon ungemütlich zumute.

Als sie dann in Calebs Richtung blickte, hob er seinen Hut und grinste. Er sah wirklich aus wie jemand, der einen angenehmen Morgen genoss. Doch für Libby schien sein Lächeln noch eine andere Bedeutung zu haben: *Du machst das ganz gut!*

Libby hob den Kopf und warf ihre langen roten Haare nach hinten. *Okay, Caleb Whitney. Du und Jordan zieht eine gute Show ab. Gott wird auch mir dabei helfen.*

Als hätte sie schon hundertmal ein Familienbild gezeichnet, trat Libby zurück und prüfte die Position der einzelnen Familienmitglieder. Ja, so war es richtig. Hinter der Familie ragten die hohen Säulen der vorderen Veranda bis zum ersten Stock und zum Dach hinauf.

Weil es ihr leicht gefallen war, Randolph zu zeichnen, begann Libby mit ihm. Sie entschied, zuerst nur das Gesicht und die Schultern von allen zu zeichnen. Wenn sie sie nah beisammenstellte, konnte sie das Haus im Hintergrund zeigen.

Das schaffe ich, sagte sich Libby. Sie war sich sicher, dass sie Gottes Kraft spürte.

Doch dann begann sie Jonathan zu zeichnen. Als Libby ihn anlächelte, blickte er finster drein. Er konnte auch nicht richtig still sitzen.

Ich mache dir keinen Vorwurf, Jonathan, wollte Libby sagen. *Wenn MEIN bester Freund verkauft werden würde, wäre ich auch wütend. Ich rege mich darüber auf, obwohl ich Zack nicht einmal kenne.*

Als sie zur Familie aufblickte und dann wieder auf die Staffelei hinunter, behielt Libby Melanie im Auge. Mehrmals blickte das Mädchen zu Caleb zurück, wie um seine Aufmerksamkeit auf sich zu ziehen.

Als Libby begann, Frau Weaver zu zeichnen, schlurfte Jordan zum Wagen zurück. Mit flinken Linien skizzierte Libby den Umriss ihres Kopfes und zeichnete dann ihr Gesicht. Sie sah, wie geschwollen Frau Weavers Augen waren. Doch sie war froh, dass sie es schaffte, Frau Weavers Augen anders zu zeichnen – mit dem warmen, liebenswürdigen Ausdruck, den Frau Weaver hatte, als sie zum Hausiererwagen kam.

Bald vergaß Libby wegen der Herausforderung des Zeichnens sogar Caleb. *Wenn ich nur die Familie lange genug hierbehalten kann! Wenn ich Jordan nur die Zeit geben kann, die er braucht!*

Als Herr Weaver hinter Libby blickte, drehte sie sich

um, neugierig darüber, was vor sich ging. Jordan stellte einen Wagenheber unter die Radachse des Wagens.

Libby hatte Melanies Kinn und Augenbrauen gezeichnet, als sie jemanden singen hörte.

Singen? Sofort wurde Libby still. Wie konnte Jordan nur zu einem solchen Zeitpunkt singen? Aber da war es wieder, unverkennbar. Libby erkannte seine Stimme.

Erneut blickte sie verstohlen zum Ende der Zufahrtsstraße. Auf dem Boden kniend, hatte Jordan das Rad an seinen Ort gebracht. Doch Libby hörte seine Worte klar und deutlich.

Steal away, steal away, steal away to Jesus!
(Stiehl dich fort, stiehl dich fort,
stiehl dich fort zu Jesus!)

Innerlich hielt Libby die Luft an. *Stiehl dich fort? Schleich dich davon?*

»Hört!« Frau Weaver hob die Hand. »Calebs Sklave singt bei der Arbeit.«

Steal away, steal away home,
I ain't got long to stay here.
(Stiehl dich fort, stiehl dich fort nach Hause,
Ich kann nicht lange hierbleiben.)

Hinter der Familie jagten graue Wolken über den Himmel. Libby blickte auf ihre Staffelei hinunter und tat so, als ob sie zeichnete, da sie Angst hatte, eine falsche Bewegung zu machen oder etwas Falsches zu sagen. »Achte auf ein Signal!«, hatte Paul Serena gesagt.

Aus der Ferne hörte Libby ein Donnergrollen. Jordans Stimme wurde stärker.

My Lord calls me,
He calls me by the thunder;
The trumpet sounds withina my soul;
I ain't got long to stay here.
(Mein Herr ruft mich,
Er ruft mich mit Donnergrollen;
Die Posaune erschallt in meinem Innern;
Ich kann nicht lange hierbleiben.)

Dann, so leise, wie Jordan begonnen hatte, verklang seine Stimme. Als Libby es wagte, Frau Weaver anzuschauen, standen der Frau Tränen in den Augen.

»Ist das nicht schön?«, fragte sie.

»Schön!« Ihr Mann runzelte die Stirn. »Libby, wir wollen weitermachen.« Herr Weaver drehte sich um und schrie zum Haus: »Serena!«

Augenblicke später erschien sie auf der Verena. »Ja, Massa.« Serenas Stimme zitterte, aber ihr Gesicht gab nicht preis, dass sie wusste, was vor sich ging.

»Geh und hol deinen Bruder. Sag ihm, er soll bei der Pumpe anhalten und sich waschen. Sieh zu, dass er gut aussieht.«

»Ja, Massa.«

Als Serena wegging, beobachtete Libby Frau Weaver. Ihr Gesicht war weiß und steif, sie presste die Lippen zusammen, als müsste sie die Tränen zurückhalten. Doch ihre Arme hielten Randolph fester.

Libby begann, Melanies Augen zu zeichnen. Als sie

in Pauls Richtung blickte, hatte er die Pferde an den Hausiererwagen angespannt. *Er ist also bereit, jederzeit loszufahren.*

Dann kam Jordans Mutter um eine Hausecke. Mit Rose auf einem Arm und dem Griff eines Korbs mit Esswaren in der anderen Hand ging Hattie die Zufahrtsstraße hinunter.

»Wo geht Hattie hin?«, fragte Herr Weaver.

»Ich habe ihr gesagt, sie soll den Lawrences Esswaren bringen«, antwortete Frau Weaver. »Frau Lawrence geht es nicht gut.«

»Gut mitgedacht, Dorothy!« Herr Weaver sah erleichtert aus. »Ich bin froh, dass wir kein großes Theater haben werden.«

Erneut wandte er sich an Libby. »Ich habe wichtige Geschäfte, denen ich mich zuwenden muss.« Als Libby nickte, blickte sie auf ihr Bild. Mit Erschrecken bemerkte sie ihre Zeichnung von Melanies Gesicht. *Ich habe vergessen, ihre Augen zu verändern. Nun sieht sie so aus, wie sie ist!*

Bluthunde!

Libby drehte sich der Magen um, ihre Nervosität kehrte zurück. Sie hatte keine Ahnung, was sie tun konnte, um Melanie besser aussehen zu lassen. Von dem herannahenden Sturm fühlte sich die Luft schwer an und spiegelte somit Libbys Stimmung wider. Dann begann Jordan wieder zu singen.

Steal away, steal away, steal away to Jesus!
Steal away, steal away home,
I ain't got long to stay here.
(Stiehl dich fort, stiehl dich fort, stiehl dich fort zu Jesus!
Stiehl dich fort, stiehl dich fort nach Hause,
Ich kann nicht lange hierbleiben.)

Die Worte beruhigten Libby genug, sodass sie Herrn Weavers Gesicht zeichnen konnte. Caleb, der immer noch an die Säule gelehnt stand, richtete sich nun auf.

»Es sieht so aus, als hätte mein Diener unseren Wagen bereit«, sagte er. »Ich danke Ihnen aufrichtig für Ihre Hilfe.« Mit einem höflichen Heben des Hutes schlenderte Caleb die Zufahrtsstraße hinunter.

Libby vergaß sich und starrte ihm nach. Der Wagen stand wieder gerade, das Rad war repariert. Jordan hatte die Pferde nach Norden gewendet, in die Richtung, aus der sie gekommen waren. Mit seinem Strohhut auf dem Kopf saß er auf dem Sitz und hielt die Zügel in der

Hand. Sobald Caleb zu ihm hinaufstieg, setzten sich die Pferde in Bewegung.

»Libby, beeil dich nun«, sagte Herr Weaver. »Ich muss mich um wichtige Geschäfte kümmern.« Erneut drehte er sich zum Haus um. »Serena! Wo ist dieses Mädchen?«

Augenblicke nachdem Herr Weaver sich zu Libby zurückdrehte, sah sie Serena. Auf dem Feld hinter dem Haus trug sie vier hölzerne Eimer.

Eimer?, fragte sich Libby. Als sie Herrn Weavers Augen einfügte, brach ihr der Stift ab. Libby nahm einen anderen zur Hand.

»Stopp!«, befahl Herr Weaver. »Das ist Unsinn, hier so herumzustehen. Libby, Sie wissen nicht, was Sie tun!«

»Wie weit sind Sie, Libby?«, fragte Frau Weaver. »Bitte«, bat sie ihren Mann. »Das ist wichtig. Ich möchte ein Familienbild.«

Als hätte sie Herrn Weaver nicht gehört, zeichnete Libby weiter. Als sie das nächste Mal aufblickte, sah sie, wie Zack zwei Eimer trug und Serena die anderen zwei. Seite an Seite gingen sie über das Feld zum Bach.

Libby war neugierig, was Serena den Männern auf dem Feld mitgeteilt hatte. Hatte sie Zack irgendeinen Auftrag gegeben, statt ihn zum Haus zu schicken? Hinter dem offenen Feld erstreckten sich Wälder in der Ferne.

»Stopp!«, befahl Herr Weaver erneut. »Es reicht!«

Ungeduld war aus all seinen Gesichtszügen zu lesen, als er den Rasen überquerte und zu Libby hinüberging. Er schaute sich die Zeichnung an und trat dann ärgerlich zurück. »Das soll *ich* sein? Das ist die schrecklichste Zeichnung, die ich je gesehen habe!«

Melanie eilte zu ihrem Vater. »Natürlich bist du das nicht, Vati.«

Nun schaute sie sich genau an, wie Libby sie gezeichnet hatte. »So sehe ich nicht aus!«

Melanies cremeweiße Haut verfärbte sich zu einem verärgerten Rot. »Wenn *ich* eine Künstlerin wäre, würde ich dein rotes Haar ganz schön darstellen!«

O-oh!, dachte Libby. *Falls ihr Vater je vergessen sollte, wie ich aussehe, wird sie ihn daran erinnern.* Immer noch mit Randolph auf dem Arm kam Frau Weaver auf Libby zu. Doch Jonathan lief in die entgegengesetzte Richtung und verschwand um die Hausecke.

Genau in diesem Augenblick winkte Paul Libby zu, wie um zu sagen: »Komm!«

Doch Herr Weaver war noch nicht fertig. »Für so ein schreckliches Bild bezahle ich keinen Cent!«

Als Frau Weaver die Staffelei erreicht hatte, studierte sie die Zeichnung. Erneut winkte Paul Libby zu: »Komm!«

Mit einer schnellen Bewegung nahm Libby das Papier von der Staffelei. Herr Weaver streckte die Hand aus, doch Frau Weaver war schneller. Sie trat vor ihren Mann und nahm Libby die Zeichnung aus der Hand.

»Ich hoffe, Sie nehmen mein Armband auch als Bezahlung für diese Zeichnung an«, sagte sie.

Libby nickte. In all den Zeiten, in denen sie davon geträumt hatte, Künstlerin zu werden, hatte sie sich nie etwas so Schreckliches vorgestellt. Sie hielt die Tränen zurück und nahm ihre Stifte und die Staffelei. »Danke, dass ich es versuchen durfte«, sagte sie. »Danke für Ihre Zeit.«

Als Libby zu Paul eilte, verfolgten Herrn Weavers Worte sie. Doch dann, wie ein sanftes Flüstern, kam Libby etwas anderes in den Sinn. *Etwas Schwieriges in Angriff zu nehmen, ist nicht dasselbe wie zu versagen. Ich habe es geschafft, Jordan Zeit zu geben!*

In der Nähe des Wagens holte Frau Weaver Libby ein. »Sie werden einmal eine vorzügliche Künstlerin«, versicherte sie. Ein Lächeln umspielte ihre Mundwinkel. »Das heißt: falls Sie nicht so ehrlich sind.«

Sobald Libby auf den Sitz gestiegen war, rief Paul: »Hü!« Libby winkte und rief: »Auf Wiedersehen!«, doch Frau Weavers Lächeln war bereits erloschen, ihre Augen blickten schmerzerfüllt.

Bald bog Paul in die Hauptstraße ab, in dieselbe Richtung, die Jordan eingeschlagen hatte. Solange sie in Sichtweite des Bauernhauses waren, ließ Paul die Pferde in normalem Tempo gehen.

»Wo ist Jordans Familie?«, fragte Libby ihn.

»Du wirst schon sehen«, antwortete Paul.

Stattdessen sah Libby Jonathan über das Feld in den Wald rennen. Trotz seines Gewichts rannte er wie ein Hirsch und hüpfte leichtfüßig über den jungen Mais.

»Schau!«, bemerkte Libby zu Paul. »Jonathan rennt in diese Richtung.«

Der Hausierer blickte düster. »Ich hoffe, wir können ihm vertrauen.«

Sobald die Straße in den Wald führte, schaute Paul zurück, um sicherzustellen, dass man sie vom Haus aus nicht mehr sehen konnte. Dann schlug er den

Pferden die Zügel über die Rücken. Sofort wurden sie schneller.

Genau in diesem Augenblick hörte Libby das *Klippediklopp* von Pferden, die ihnen auf der Straße entgegenkamen. Bald darauf erschienen zwei Pferde und ein brandneuer Wagen. Als wäre er um mehr als nur den herannahenden Sturm besorgt, trieb der Fahrer seine Pferde an.

Nicht weit vom Bach entfernt verlangsamte Paul sein Gespann, damit sie sich nicht auf der Brücke kreuzten. Ohne sein Tempo anzupassen, kam der andere Mann näher. Kurz darauf kreuzten sich die beiden Wagen – Paul fuhr nach Norden und der andere Mann nach Süden.

»Das ist er«, sagte Paul.

»Zacks neuer Besitzer?«, fragte Libby.

»Ganz zweifellos.«

Libby drehte sich um und kroch auf die Knie, um zurückzuschauen. Durch die kleine quadratische Öffnung im hinteren Teil von Pauls Wagen sah sie, wie der andere Wagen eine Staubwolke aufwirbelte und dann verschwand.

Bald nachdem der Hausiererwagen die Brücke überquert hatte, sah Libby Serena und Zack unter den schweren Baumstämmen hervorkriechen. Auf der anderen Seite des Bachs kletterten sie das sandige Ufer neben der Brücke hinauf.

»Da sind sie!«, rief Libby aus. »Sie haben Jonathans Versteck benutzt!«

»Brrr!«, rief Paul den Pferden zu.

Sobald der Wagen anhielt, wollte Libby absteigen,

doch Paul hielt sie zurück: »Warte! Es besteht größere Gefahr, als du meinst.«

Er warf die Zügel in Libbys Hände und packte einen starken Stock. »Halte die Pferde. Steig nicht ab.« Paul begann die Straße zurückzurennen. »Zack! Serena!«, rief er.

Als die Kinder die Brücke überquerten, kam Jonathan zwischen den Bäumen auf der anderen Seite des Bachs hervor. Er erblickte Zack und rannte auf ihn und Serena zu.

»Schnell, Zack!«, schrie er. »Beeil dich! Pa hat die Hunde gerufen!«

Durch die Bäume hörte Libby ihr schauriges Gebell – halb Bellen und halb Heulen. Serena und Zack rannten auf der Straße auf Paul zu – sie rannten um ihr Leben.

Jonathan folgte ihnen und schrie Zack immer noch hinterher. »Wenn du frei bist, kannst du fischen gehen!«

Einen Augenblick blickte Zack zurück. »Wenn ich den großen Fisch fang, erzähl ich ihm von dir!«

Zack und Serena rannten weiter auf Pauls Wagen zu, doch Jonathan wirbelte herum und rannte den Weg zurück, den er gekommen war. Das Gebell der Hunde kam näher und näher. Libby lief es kalt den Rücken herunter.

Dann, wo die Bäume sich lichteten, sah Libby den Leithund. Er führte die Meute an und rannte mit der Nase am Boden, wo er die Spur aufnahm. Mit scharfer Stimme schrie Jonathan einen Befehl.

Plötzlich hielt der Bluthund an. Erneut gab Jonathan den Befehl. Er griff nach unten und packte das Seil um den Hals des Hundes.

Als die anderen Hunde aufholten, rief Jonathan ihnen etwas zu. Obwohl sie verwirrt aussahen, gehorchten die Hunde. Als sie sich um den Leithund versammelten, wurde ihr Bellen mehr zu einem Winseln.

In jenem Augenblick wurde Zack langsamer und blickte zurück. Jonathan hielt den Leithund, und Zack winkte Jonathan zu. Erst dann erkannte Libby den Bluthund – Jonathans Lieblingshund!

Dann lief Zack weiter und folgte Serena. »Kommt mit mir«, sagte Paul, als sie ihn erreichten. Augenblicke später hatte er sie im hinteren Teil seines Wagens eingeschlossen.

Mit einem Satz war Paul auf dem Vordersitz. Er schlug mit den Zügeln und rief den Pferden zu: »Hü!«

Einige Minuten später gelangten sie an den Ort, an dem Paul und Libby gestern Nachmittag gewartet hatten. Paul verlangsamte die Pferde und bog von der Straße in den Wald ab. Mitten auf der Lichtung warteten Caleb und Jordan auf sie.

Sobald Paul anhielt, öffnete Caleb die hintere Tür des Hausiererwagens. Zack und Serena sprangen herunter und rannten zum Bauernwagen. Zwischen dem großen Schrankkoffer und den Reisetaschen lagen einige Decken. Jordan stand hinten und half Serena in den Wagen.

Als sie unter die Decken kroch, blickte Zack auf und erkannte Jordan. Plötzlich warf sich Zack auf seinen Bruder. Jordans Arme umgaben ihn. Als wollte er Zack nicht mehr loslassen, hob Jordan ihn vom Boden. Sie drehten sich mehrmals im Kreis, und Jordan lachte, als spielten sie ein Spiel.

Doch dann setzte er Zack ab. »Du musst dich verstecken.«

Als Zack unter den Decken verschwand, blickte Jordan in den Wald.

»Deine Mutter?«, fragte Libby.

Jordans dunkle Augen blickten voller Sorge. »Sie noch nich' hier is'.«

Genau in diesem Augenblick erschien Hattie zwischen den Bäumen. Mit vor Angst weit geöffneten Augen stand sie am Rand der Lichtung. Hattie hielt Rose auf einem Arm und den Griff eines Korbs mit Esswaren in der anderen Hand und holte tief Luft.

Dann blieb ihr Blick an Jordan haften. In jenem Augenblick verschwanden alle Müdigkeit und Angst. So leichten Fußes wie ein Mädchen rannte Hattie auf ihren Sohn zu.

Direkt vor Jordan stand sie still. Ihr Blick blieb an seinem Gesicht haften, als könnte sie sich nicht sattsehen. Mit einer schnellen Bewegung setzte sie den Korb und ihr Kind ab.

Sie streckte die Arme aus und nahm Jordans Gesicht in die Hände. Ein großer Schluchzer kam tief aus ihrem Innern hoch. »Mein Sohn! Du zurückgekommen bist zu mir!«

Als sie ihre Arme öffnete, machte Jordan einen Schritt auf sie zu. In diesem Augenblick bellte ein Hund in der Ferne. Hattie zuckte zurück, als ob sie sich wieder daran erinnerte, wo sie war.

»Schnell, Mamma!«, rief Jordan. Er hielt eine Decke hoch und wartete, bis Hattie Rose darunterlegte. Dann hielt er die Decke noch einmal hoch, damit Hattie ihrem

Kind folgen konnte. Als seine Familie gut versteckt war, rannte Jordan zur Vorderseite des Wagens, stieg auf und schnappte sich die Zügel.

»Jordan sagt, wir sollen uns trennen«, informierte Caleb Paul schnell. »Er sagt, du wirst wissen, wann du uns suchen sollst.«

Augenblicke später fuhr der Bauernwagen auf die Straße. Als Paul mit seinem Hausiererwagen folgte, ließ er seine Pferde langsam trotten.

»Paul?«, fragte Libby, als sie scheinbar im Schneckentempo weiterfuhren. »Wie hat Jordan das mit dem Wagen fertiggebracht? Zuerst war er kaputt, dann schon wieder geflickt.«

Nun, da sie eine kleine Verschnaufpause hatten, sah Paul aus, als amüsierte er sich. »Jordan ist echt ’n cleverer junger Mann«, sagte er. »Er weiß mehr über Wagen als viele Leute, die doppelt so alt sind wie er.«

Paul warf einen Blick über die Schulter, und Libby drehte sich um, um nach hinten zu schauen. Vorläufig folgte ihnen niemand.

»Auf der Wagenachse gibt es eine Mutter«, erklärte Paul. »Eine große Mutter von etwa sieben bis zehn Zentimetern Durchmesser. Die Mutter hält das Rad auf der Achse.«

Paul grinste. »Aber Jordan kennt sich aus mit Wagen, sonst hätte er nicht gewusst, wie er die Mutter lösen kann. Auf der linken Wagenseite sitzt die Mutter auf einem Rechtsgewinde, sodass sie festgezogen wird, wenn das Rad rollt. Auf der rechten Seite dagegen sitzt die Mutter auf einem Linksgewinde, sodass sie ebenfalls festgezogen wird, wenn das Rad rollt. Wenn du nicht weißt, in welche Richtung du die Mutter drehen musst, bekommst du sie nicht weg.«

»Aber ich habe nicht gesehen, dass Jordan angehalten hätte oder so«, sagte Libby. »Er und Caleb sind direkt zu Herrn Weaver und uns gefahren. Plötzlich, als sie auf die Zufahrtsstraße einbogen –« Libby hielt inne und dachte darüber nach.

»… ist das Rad abgefallen«, ergänzte Paul. »Aber kurz vorher, wahrscheinlich gerade außer Sichtweite des Hauses, hat Jordan die Mutter entfernt. Dann hat er die Pferde geradeaus geführt, im Wissen, dass das Rad dranbleiben würde, solange der Wagen keine Kurve fuhr. Aber sobald der Wagen abbog –«

Libby kicherte. »Dann ist das Rad abgefallen! Jordan musste es einfach wieder festmachen.«

»Und die Mutter richtig anschrauben.«

Erneut blickte Paul zurück. »Wo hat Jordan das alles gelernt?«, fragte er, als er wieder nach vorne schaute.

»Jordan sagt, sein Daddy habe es ihm beigebracht. Jordan sagt, er sei wertvoll, weil er so viel von Pferden versteht.«

»Jordan ist allerdings wertvoll«, bestätigte Paul. »Wahrscheinlich in vielerlei Hinsicht. Er ist ein sehr begabter junger Mann. Nun, da er frei ist, wird er es weit bringen im Leben.«

Kurz darauf hatte Paul eine andere Frage. »Jordans Vater?«, fragte er. »Wo ist er?«

»Von seiner Familie wegverkauft«, sagte Libby. »Jordan hat keine Ahnung, wo er ist.«

»Das habe ich befürchtet«, antwortete Paul. »Ich

frage mich, ob Jordan seinen Vater je wiedersehen wird.«

Genau in diesem Augenblick hörte Libby hinter ihnen das Klopfen von Pferdehufen, die schnell näher kamen.

Pauls Hände verkrampften sich an den Zügeln.

Die Banditen vom Fox River

Kurz darauf erschienen fünf Männer auf Pferden auf Pauls Seite des Wagens. Herrn Weavers temperamentvolle schwarze Stute tänzelte herum, als er Paul befahl, an den Rand zu fahren.

»Wir suchen entlaufene Sklaven«, sagte er. »Ein Junge und ein Mädchen. Die Hunde haben ihre Spur mitten auf der Straße verloren. Sie könnten in Ihren Wagen geklettert sein.«

»Oh, wirklich?«, fragte Paul.

Nur ZWEI entlaufene Sklaven?, fragte sich Libby. *Herr Weaver weiß also nicht, dass Hattie und die kleine Rose auch davongelaufen sind. Oder vielleicht weiß er mehr, als er preisgibt.*

»Ich werde Ihren Wagen durchsuchen«, erklärte Herr Weaver, als müsste er dafür nicht um Erlaubnis bitten. Doch Paul verlangte keinen Durchsuchungsbefehl.

»Wenn Sie vorsichtig sind, können Sie nachschauen«, willigte er stattdessen ein. »Ich will aber kein kaputtes Geschirr haben.«

Während zwei Männer am Straßenrand Wache hielten, schwangen sich Herr Weaver und die anderen zwei aus dem Sattel. Etwas weiter hinten warteten ihre Hunde. Hechelnd und mit heraushängenden Zungen sahen sie so aus, als wollten sie am liebsten gleich weiterjagen.

Das sind Bluthunde, erinnerte sich Libby. So sehr sie ihre Erinnerung daran, wie die Hunde Zack und Serena jagten, beiseiteschieben wollte – sie konnte es nicht. *Das sind Bluthunde, die dafür abgerichtet sind, flüchtige Sklaven aufzuspüren.*

Paul stieg so langsam hinunter, dass Libby kaum glauben konnte, dass er vorher so schnell gerannt war. Er ging um den Wagen herum und öffnete die Türen.

Als einer der Hunde nach vorne sprang, um am hinteren Ende des Wagens zu schnüffeln, warnte Paul Herrn Weaver. »Wenn meine Pferde wegen Ihrem Hund scheuen, komme ich nicht mehr zu Ihrer Farm!«

Herr Weaver rief den Hund zurück, doch anstelle des Hundes kletterten nun zwei Männer in den Wagen. Als Libby sich umdrehte, sah sie, wie sie in dem offenen Bereich zwischen ihrem Sitz und der hinteren Tür herumwühlten.

Erneut warnte Paul die Männer. »Vorsicht, bitte, Vorsicht. Es bringt Ihnen gar nichts, wenn sie meine Waren kaputt machen.«

Als kämen Pauls Versuche, seinen Besitz zu schützen, ihm verdächtig vor, starrte Herr Weaver ihn an. Immer wenn die Männer eine Kiste fanden, die groß genug war, dass sich ein Kind darin verstecken konnte, öffneten sie sie. Nachdem sie sogar die Schubladen des Wagens überprüft hatten, mussten sich die Männer schließlich geschlagen geben.

»Nun, meine Herren«, sagte Paul, als sie ihre Suche aufgegeben hatten. »Wären Sie bitte so gut und würden die Kisten wieder so hinstellen, wie sie waren? Ich möchte nicht, dass irgendetwas hin und her geworfen wird auf diesen rauen Straßen.«

Ärger zog wie eine graue Wolke über Herrn Weavers Gesicht. Er wollte offensichtlich möglichst schnell weiterreiten. Trotzdem wartete Paul, bis Herr Weaver den Männern befahl, die Unordnung aufzuräumen.

Während die Männer die Kisten wieder an ihren Ort schoben, beobachtete Libby Paul. Er sah ruhig und geduldig aus und wartete, als hätte er es nicht eilig, weiterzufahren. *Er gibt Jordan so viel Zeit, wie er nur kann*, dachte Libby.

Ein großer Regentropfen tropfte Libby auf den Arm. Kurz darauf fielen mehr Tropfen auf die sandige Straße und erfüllten Libby mit Hoffnung. *Vielleicht, nur vielleicht* ... Ein starker Regen würde Jordan und Caleb helfen zu entkommen. Doch eine Minute später hörte der Regen auf, und die Wolken zogen um sie herum.

Als alle Kisten wieder an Ort und Stelle waren, meinte Herr Weaver schließlich: »Wenn meine Sklaven nicht bei Ihnen sind, dann sind sie bei dem jungen Mann, dessen Rad abgefallen ist. Es wird ein Leichtes sein, ihn zu finden.«

Von seiner temperamentvollen schwarzen Stute herab blickte Herr Weaver den Hausierer an. »Einen schönen Tag, Paul. Wir können nicht vorsichtig genug sein, wissen Sie.«

Paul schien ihm zuzustimmen. »Sie haben recht, Herr Weaver. Wir können nicht vorsichtig genug sein.«

»Und was tun wir nun?«, fragte Libby Paul, als die Männer und ihre Hunde in der Ferne verschwanden. Sie fühlte sich immer noch zittrig beim Gedanken daran, wie knapp Serena und Zack entkommen waren.

»Ich sehe zu, dass Caleb und Jordan mich finden«, sagte Paul. »Nun, da mein Wagen durchsucht worden ist, wäre es gut für sie, meinen Wagen zu nehmen.«

Im Gegensatz zu Libby wirkte Paul so ruhig, als sei er es gewohnt, so knapp zu entkommen. *Und vielleicht stimmt das sogar*, dachte Libby.

Sie waren etwa eine Stunde lang gefahren, als sie einen Bauernwagen sahen, der aus den Wäldern auf die Straße herauskam. »Sie sind hinter uns, Paul«, sagte Libby.

Bei der nächsten Stelle, wo er die Straße verlassen konnte, ließ Paul die Pferde zwischen die Bäume abbiegen. Caleb und Jordan folgten ihnen.

»Wollt ihr meinen Wagen?«, fragte Paul Jordan, als sie alle hinter den Blättern der Bäume vor der Straße verborgen waren. »Wir sind schon durchsucht worden. Du und deine Familie könnten drinnen mitfahren.«

Zu Libbys Überraschung blickte Jordan unsicher. »Bin nicht sicher«, sagte er. »Es scheint mir, wir sollten zu Fuß gehen besser. Aber das mir irgendwie nicht einleuchtet. Es ist so ein weiter Weg für Mamma und Serena und kleine Rose.«

Dann, als spürte er, dass er keine andere Wahl hatte, nickte Jordan. »Mein' Familie und ich dir danken!« Als Jordans Familie hinten in den Hausiererwagen kletterte, stieg Paul vom Vordersitz.

»Pass gut auf die Pferde auf«, sagte er, als Caleb neben Libby auf den Sitz kletterte. »Vergiss die Banditen vom Fox River nicht. Die wollen immer ein gutes Gespann klauen und alles, was sie sonst noch kriegen können. Je näher ihr an die Grenze zu Iowa kommt, desto größer ist die Wahrscheinlichkeit, dass ihr in Schwierigkeiten kommt.«

Irgendwo hatte Caleb seinen Anzug durch eine alte Jacke und eine alte Hose ausgetauscht. Nun nahm Paul seinen schwarzen Hut vom Kopf und drückte ihn Caleb auf den Kopf.

Libby machte große Augen. Bevor Paul die Straße hinuntergerannt war, hatte sie gedacht, er sei ein alter Mann. Ohne den Hut wirkte er nur ein bisschen älter als Papa. Noch nicht *wirklich* alt, sondern eher im Alter von Calebs Oma.

Als seine blonden Haare bedeckt waren und er in den alten Kleidern von Paul steckte, sah Caleb ganz anders aus als der junge Mann, der an der Farm angehalten hatte. »Ich werde deinen Wagen am nächsten ›Bahnhof‹ abstellen«, sagte er zu Paul, und Libby wusste, dass Caleb von einem Haus sprach, dessen Besitzer entlaufene Sklaven unterbrachten.

»Wenn ihr so weit kommt«, antwortete Paul leise. »Gott bewahre euch alle.«

Zuletzt verabschiedete er sich von Libby. »Sag deinem Papa, dass er eine wirklich mutige Tochter hat.«

Als Caleb den Pferden »Hü!« zurief, bemerkte Libby, wie er kurz zu ihr herüberblickte. Aber sie konnte ihm nicht in die Augen schauen. Trotz Pauls Worten fühlte sie sich überhaupt nicht mutig. Im Gegenteil: Sie hatte große Angst vor allem, was noch passieren konnte.

Als sie das Ende des Waldes erreichten, wartete Caleb zwischen den Bäumen, bis er sich sicher war, dass die Straße leer war. Bald drehten die Pferde nach Norden ab und verfielen in einen Trab.

Obwohl Libby am liebsten mindestens hundert Fragen gestellt hätte, fand sie es schwierig, wieder mit Caleb zusammen zu sein. Das Problem hatte mit dem Streit wegen dem Zeitungsreporter angefangen. Doch für Libby war es mehr. Caleb hatte sie nicht dabeihaben wollen. Er wusste, wie sie versagt hatte, und traute ihr nicht zu, dass sie dabei helfen könnte, Jordans Familie zu befreien.

Heute Morgen beim Bauernhof schien Caleb mich ermutigen zu wollen, versuchte sich Libby zu überzeugen. Dann schob sie die Erinnerung beiseite. *Das war einfach Teil seiner Schauspielerei.*

Vor zwei Wochen hätte sie gerne Zeit mit Caleb verbracht. Nun fühlte sie sich unbehaglich in seiner Gegenwart. Sie saß mit pfeilgeradem Rücken da und starrte nach vorne.

Aus den Augenwinkeln sah sie, wie Caleb erneut zu ihr herüberblickte. Doch Libby schwieg so lange, bis Caleb schließlich fragte: »Hast du dir die Zunge abgebissen?«

Erst dann wusste Libby, wo sie anfangen sollte. »Gestern – gestern Nacht –, als ihr noch nicht bei der Farm wart … Was war geschehen?« Als durchlebte sie jenen Albtraum erneut, fühlte Libby die Angst jener Wartezeit.

»Erinnerst du dich an den Häftling von Stillwater?«, fragte Caleb.

»Wie könnte ich ihn nur vergessen!« Doch so vieles war inzwischen geschehen, dass sogar Sam McGrady meilenweit entfernt und viele Jahre zurückzuliegen schien.

»Er ist uns gefolgt. Dreimal dachten wir, wir seien ihm entkommen. Dreimal stellten wir fest, dass er uns erneut auf der Spur war. Als hätte er gewusst, wo wir hinwollten.«

»Deshalb habt ihr so lange gebraucht?«

»Wir mussten verhindern, dass er Jordan gefangen nahm oder uns zur Farm folgte. Wir mussten immer wieder Umwege machen. Mit Dieben ist das so eine Sache –«

Libby wartete, als Caleb überlegte, wie er es erklären konnte. Schließlich sagte er: »Ein Dieb weiß, wie man sich versteckt. Vielleicht war es deshalb für ihn einfacher zu erraten, was wir tun würden, um ihn abzuschütteln.«

Caleb grinste Libby an. »Sam McGrady ist ein schlauer Dieb. Er gehört bestimmt zu den Banditen vom Fox River. Aber wir sind schlauer.«

Wenn sie Caleb so sprechen hörte, fiel sogar Libbys Angst vor dem Häftling von ihr ab. Sie fühlte sich langsam besser. Doch da lehnte sich Jordan vor, um Caleb etwas ins Ohr zu flüstern.

»Wir müssen anhalten und ein Versteck finden.«

Als sie zu einem Weg kamen, der von der Straße wegführte, lenkte Caleb die Pferde in den Wald. Der breite, unbefestigte Pfad wand sich durch sanft ansteigende Hügel. Mitten auf einer Lichtung fanden sie die Überreste eines scheinbar heruntergebrannten Blockhauses vor. Auf einer Seite des Hauses befand sich eine Scheune mit einem Blechdach.

Jordan sprang vom Wagen und untersuchte die Scheune. Kurz darauf kehrte er zurück und führte Caleb zur Rückseite der Scheune. Als Jordan ein großes Doppeltor aufstieß, fuhr Caleb hinein. Jordan schloss das Tor hinter ihnen.

Sie waren in dem großen offenen Bereich, in den die Bauern ihre Heuwagen hineinbrachten. Wenn ein Mann auf einem Wagen stand, konnte er Heu auf den Heuboden links oder rechts gabeln.

Obwohl Jordan Wache hielt, blieb seine Familie im Hausiererwagen. Caleb eilte zur Straße zurück, um auffällige Radspuren zu verwischen.

Der Pfad ist trocken, dachte Libby, dankbar, dass er nicht vom Regen in Schlamm verwandelt worden war.

Als Caleb zurückkehrte, gab Jordan seiner Familie Entwarnung. Serena und Zack krochen vom Wagen herunter. Hattie reichte Serena die kleine Rose. Als Jordans Mutter herunterkletterte, ruhte ihre Hand auf der Schulter ihres jüngeren Sohnes.

»Du immer noch bist bei mir, Zack!« Dankbarkeit strahlte aus Hatties Augen. »Du immer noch bist bei mir!«

Froh darüber, sich die Beine vertreten zu können, gingen Serena, Zack und die kleine Rose in dem großen offenen Bereich neben dem Wagen auf und ab. Eine Weile hielt Libby Wache und spähte durch ein Fenster auf einer Seite der Scheune. Auf der anderen Seite stand Caleb auf dem Posten.

Als Libby an der Reihe war, sich auszuruhen, stieg sie auf einer Holzleiter zum Heuboden hinauf. Hattie und ihre jüngeren Kinder waren bereits dort. Im Schatten bei der Wand lagen sie auf einem Heuhaufen, im Tiefschlaf.

Libby ließ sich auf einen anderen weichen Heuhaufen fallen und blickte auf die Holzpfeiler, die die Stützbalken der Scheune hielten. Während ihr die Ereignisse der letzten Stunden noch durch den Kopf gingen, schlief sie ein.

Das Erste, woran Libby beim Aufwachen dachte, waren die Frühlingsgeräusche. In einem nahe gelegenen Teich quakten Frösche ihre Lieder. Dann dachte Libby daran, dass sie hungrig und durstig war.

Als sie über den Rand des Heubodens blickte, sah sie, wie Jordan versuchte, die kleine Rose in die Arme zu nehmen. Mit weit aufgerissenen Augen entfernte sie sich rückwärts von ihm.

Dann setzte sich Jordan auf den sandigen Boden der Scheune und begann, mit ihr zu sprechen. Statt in ihrer Kindersprache zu antworten, versteckte sich Rose hinter ihrer Mutter, als ob Jordan ein Fremder wäre.

Hattie versuchte, es dem kleinen Mädchen klarzumachen. »Jordan dein Bruder is', Rose, genau wie is' Zack dein Bruder.«

Doch Rose wollte nichts mit Jordan zu tun haben. Jedes Mal, wenn er zu ihr schaute, schien sie sich zu fürchten.

»'s wird okay bald sein«, beruhigte Hattie ihren Sohn. »Sie einfach zu jung war, als du wurdest verkauft. Sie erinnert dich nich'.«

Etwas später nahm Hattie das Tuch von dem großen Korb mit Esswaren und begann, ihren Kindern Essen zu geben. Als Libby vom Heuboden herunterkletterte, wollte sie mehr über Hatties Entkommen wissen.

»Denkst du, Frau Weaver wusste, dass sie dir half, wegzulaufen?«, fragte Libby.

»Ich denk, sie nicht wollte, dass ich seh, wie Zack würde verkauft«, antwortete Hattie. Von Zeit zu Zeit blickte sie unauffällig zu Zack und Jordan. Jedes Mal, wenn sie ihre Söhne anschaute, wurden ihre braunen Augen von einem Lächeln erhellt.

Sobald Jordan zu Ende gegessen hatte, begann er, mit Rose Verstecken zu spielen. Als das kleine Mädchen kicherte, warnte ihre Mutter sie mit einem »Pssst!«. Doch Jordan sah erfreut aus.

Hattie teilte das restliche Essen im Korb auf verschiedene Tücher auf. Kurz darauf hatte Hattie Taschen für sich, Serena und Zack daraus gemacht, die sie auf dem Rücken tragen konnten.

Als Libby sah, was Hattie tat, ging sie zum Wagen. Sie teilte das Essen, das Paul ihr gegeben hatte, ebenfalls in drei Portionen – eine für Caleb, eine für Jordan und eine für sich. Wie Hattie formte sie die Tücher zu Taschen.

Ganz unten in Hatties großem Korb befand sich eine kleine Stofftasche, die mit etwas Weichem gefüllt war. Als Hattie es wortlos sorgfältig in eine größere Tasche umpackte, die sie tragen konnte, wurde Libby neugierig, wagte jedoch nicht danach zu fragen.

Inzwischen schienen bereits die letzten Sonnenstrahlen von Westen durch ein Fenster. Das Licht ließ Libbys Haare rot-golden erscheinen. Zu ihrer Überraschung bemerkte Hattie dies.

»Dein Haar wird uns noch mach' Schwierigkeiten«, warnte sie.

Melanie, dachte Libby. *Was Melanie ihrem Vater gesagt hat.* Doch Libby schob den Gedanken beiseite – sie wollte überhaupt nicht daran erinnert werden.

In der Dunkelheit, bevor der Mond aufging, sammelten sie ihre wenigen Habseligkeiten ein und kletterten in den Wagen. Als Libby wieder auf dem Vordersitz Platz nahm, reichte Caleb ihr die Zügel. Noch vom Boden aus sprach er in den verschlossenen Teil des Wagens.

»Bereit?«, fragte er leise.

»Wir sin' bereit.«

Jordans Stimme erschreckte Libby, denn er war nur etwa einen halben Meter hinter ihr. Doch als Libby zurückschaute, lag alles im Dunkeln. Sie konnte keine Bewegung ausmachen und kein Geräusch hören. Sogar die kleine Rose war so still, dass Libby nicht gemerkt hätte, dass sie da war.

»Wir nähern uns der Grenze zwischen Iowa und Missouri«, warnte Caleb, bevor er die Scheunentore öffnete und hinter dem Wagen wieder schloss. Mit leisen Schritten führte er die Pferde auf dem sich windenden Pfad zurück. Bevor sie auf die Straße kamen, stieg er auf, nahm neben Libby Platz und ergriff die Zügel.

Als die Pferde losliefen, starrte Libby geradeaus in die Dunkelheit vor sich. Der Regen, der den ganzen Tag gedroht hatte zu kommen, war um sie herumgegangen. Weit über ihnen funkelten Sterne, und der Schein des Mondes reichte aus, um die Straße zu beleuchten. Als sie an einem Bauernhaus vorüberfuhren, roch Libby den Duft von Birnenblüten, doch die Schönheit des Frühlings konnte sie nicht sehen.

Einige Kilometer weiter liefen die Pferde um eine enge Kurve. Direkt vor ihnen lag ein mittelgroßer Baum quer über der Straße.

»Oh-oh!« Caleb zog an den Zügeln. »Die Banditen vom Fox River!«

Als ihr Wagen zum Halten kam, sprangen zwei Männer heraus, einer von links und einer von rechts.

Dann sah Libby es – das Blitzen von Metall. Eine Pistole zeigte Caleb ins Gesicht. Dann, im Mondlicht, starrte Libby in den Lauf einer anderen Pistole. Als sie den Mann sah, der die Waffe hielt, begann sie mit den Zähnen zu klappern.

Ich Hilfe brauch!

Libby war wie benommen – ob vor Kälte oder vor Angst, wusste sie nicht. Voller Panik versuchte sie sich zu überzeugen, dass das nicht die Wirklichkeit sein konnte. Doch sie wusste, dass es real war.

»Auf den Boden!«, befahl eine raue Stimme auf Calebs Seite des Hausiererwagens.

Sofort drehte sich Caleb leicht und flüsterte in die Dunkelheit hinter ihm. »Geht nach Keosauqua, Iowa. Zum Haus der Pearsons.«

Als Caleb zögerte, ergriff die raue Stimme erneut das Wort: »Ich sagte, kommt vom Wagen runter, und zwar sofort!«

Als Caleb ihr die Hand hinstreckte, bemerkte Libby, wie ihre eigene Hand zitterte. Caleb nahm sie und sagte leise: »Komm auf meine Seite. Tu genau das, was ich tue. Versuch nicht, den Helden zu spielen.«

Sobald Libby den Boden berührte, schaute der Mann ihr ins Gesicht. »Hier haben wir noch ein *Kind*!«

Als Caleb nicht antwortete, schien der Bandit darüber verärgert. Doch der zweite Mann zerrte den Baum bereits auf eine Seite der Straße. Als er zurückkehrte, stieg er auf der anderen Seite auf den Wagen und setzte sich.

»Komm schon!«, sagte er zum ersten Banditen. »Fahren wir los.«

Zu Libbys Überraschung schien ihr die Stimme des Mannes vertraut. Könnte das Sam McGrady sein? Libby starrte angestrengt in die Dunkelheit und versuchte, ihn besser zu sehen, doch der Hut des Banditen verbarg sein Gesicht.

Immer noch mit der Waffe auf Libby und Caleb gerichtet, ging der Bandit rückwärts und stieg dann auf den Sitz. Als der Fahrer mit den Zügeln schlug, zog Caleb Libby vom Rad weg. Einen Augenblick später verschwand der Hausiererwagen in der Nacht.

»Nun, da gehen sie, ab über die Grenze«, murmelte Caleb.

»Oh Caleb«, jammerte Libby. »Was sollen wir bloß tun?«

»Du meinst, was soll *Jordan* bloß tun?«, erwiderte Caleb.

»Denkst du wirklich, dass diese Banditen zur Grenze fahren?« Trotz ihrer schrecklichen Angst fand es Libby beinahe lustig. »Dort will Jordan ja hin. Aber *wie* er dorthin geht!«

Doch dann wurde Libby von der Wirklichkeit dessen, was geschehen war, eingeholt. Plötzlich bekam sie weiche Knie. »Die süße kleine Rose in den Händen von Banditen! Und Serena und Zack und Jordans Mutter! Was wird mit ihnen passieren?«

»Ich weiß es nicht.« Caleb klang so aufgebracht, wie Libby sich fühlte.

»Es ist schon schlimm genug, dass diese Banditen uns mit Waffen bedroht haben!«, sagte sie. »Aber nun schleppen sie Jordan und seine Familie wer weiß wohin!«

Caleb spann ihre Gedanken noch weiter. »Wer auch immer sie sind – sie haben bestimmt Jordans Steckbriefe gelesen. Wenn sie merken, dass er bei ihnen ist, erinnern sie sich an die große Belohnung. Jordans Mutter und der Rest der Familie werden noch mehr Geld einbringen.«

Libbys Angst wuchs. *Wo ist deine Gunst, Gott?*, wollte sie herausschreien. *Wo ist dein Schutz?* Nach allem, was die Familie getan hatte, um vom Bauernhaus zu fliehen, schien das Ganze furchtbar ungerecht.

Bei diesen Gedanken traten Libby Tränen in die Augen. Ihr mangelnder Mut war ihr peinlich, und sie versuchte, ihre Schluchzer zurückzuhalten. Stattdessen brachen sie durch wie Wassermassen bei einem Dammbruch.

»Hey, Libby –« Um sie zu trösten, klopfte Caleb ihr unbeholfen auf die Schulter.

Für Libby brachte dies das Fass zum Überlaufen. Sie war wieder wütend und zuckte zurück.

»Libby, was ist los?«

Statt zu antworten, schluchzte Libby nur noch stärker. Als Caleb versuchte, sie an den Rand der Straße zu führen, weigerte sie sich, einen Schritt zu gehen. Doch sie konnte nicht aufhören zu weinen.

»Libby, was ist *wirklich* nicht in Ordnung?«, fragte Caleb. »Abgesehen von den Banditen, meine ich.«

Als Libby endlich einen langen, abgehackten Atemzug nahm, purzelten ihre Worte heraus. »Du wolltest mich nicht dabeihaben. Du dachtest, du könntest mir nicht zutrauen, dass ich Jordans Familie helfe. Die ganze Zeit habe ich versucht, dir zu beweisen, dass ich es doch konnte. Aber das Schlimmste von allem ist, dass du recht hast!«

Plötzlich begann Caleb zu lachen. Immer noch mitten auf der Straße stehend, hob Libby den Kopf, von seinem Lachen mehr beleidigt als von irgendetwas, was er hätte sagen können.

»Wie kannst du nur in einem Augenblick wie diesem lachen?«

Sofort wurde Caleb ernst. »Libby, gerade bevor uns die Banditen anhielten, dachte ich, was für gute Arbeit du geleistet hast. Ich kenne keine andere Person auf der ganzen Welt, die vor Herrn Weaver hätte stehen und weiterzeichnen können.«

»Meinst du das wirklich so, Caleb Whitney?« Libby war sich sicher, dass er sie nur aufzog.

»Das meine ich so, Libby. Ich bin sogar stolz auf dich.«

»Aber du dachtest, dass ich für so eine harte Reise nicht bereit wäre. Nun weiß ich, dass ich es nicht bin! Ich habe mich halb zu Tode erschreckt!«

»Ich habe auch Angst«, sagte Caleb leise. »Ich habe Angst um Jordan und seine Familie –«

»Du zeigst es nicht.«

»Nö. Ich kann es nicht zeigen.«

Dann erinnerte sich Libby an Calebs Rolle als »Schaffner« in der »Untergrundbahn«. Während fünf langer Jahre hatte er sich selbst beigebracht, flüchtige Sklaven von einem »Bahnhof« – einem Versteck – zum nächsten zu bringen. Oft hieß das, dass Caleb seine Gefühle verbergen musste.

»Und ich habe Angst, was dir passieren könnte«, fuhr Caleb fort.

»Mir?« Libby hob den Kopf und warf ihre langen Haare nach hinten.

»Dir«, bestätigte Caleb. »Wenn dir etwas zustoßen würde, dann hätte dein Papa –«

»Dann bist du also nicht um mich besorgt. Sondern um meinen Papa. Was er denken würde!«

Caleb seufzte. »Nein, nicht nur das«, sagte er und nahm einen neuen Anlauf. »Es tut mir leid, dass wir auf der *Christina* gestritten haben.«

»Es tut dir leid?« Der ganze Frust, den Libby gespürt hatte, kam von ihren Lippen. »Nach so langer Zeit tut es dir *leid*?«

»Ja, es tut mir leid. Du hattest recht. Es war falsch, wie ich den Reporter benutzt habe, um dich aufzuziehen. Ich hätte die Geschichte über unseren Unfall herunterspielen sollen. Stattdessen habe ich ihn dazu gebracht, dass er darüber schreiben *wollte*.«

Calebs Entschuldigung regte Libby noch mehr auf. »Du hast mich diese ganze Zeit leiden lassen!«

Doch dann, mitten in der Wildnis stehend, dachte Libby daran, warum sie überhaupt hier waren. Sie dachte daran, wie Jordan sogar dem Sklavenhändler Riggs vergeben hatte. Sie dachte daran, wie es sich anfühlte, als sie einen Fehler gemacht hatte, Jordan ihr jedoch vergeben hatte.

Im Mondlicht sah Libby den Schmerz in Calebs Augen. »Ich vergebe dir, Caleb«, sagte sie sanft. »Ich vergebe dir alles.«

»Danke, Libby.« Calebs Stimme war leise, als fiele es ihm schwer, seine Gefühle zuzugeben. »Es ist mir wirklich wichtig, was *dir* passiert.«

Auf einmal fühlte Libby, wie innerlich ein Damm gebrochen war. All ihre aufgehaltene Wut und ihre aufgestauten Gefühle wurden weggespült. Sie richtete sich auf und stand gerade da.

Als verstände Caleb dies, nahm er Libbys Hand und drückte sie.

Während sie auf der Straße wieder weitergingen, fühlte sich Libby wie neugeboren. Obwohl sie immer wieder an Jordans Familie denken musste, war wenigstens keine hohe Mauer mehr zwischen ihr und Caleb. Obwohl ihre Angst vor den Banditen bestehen blieb, regte sich Hoffnung in Libbys Herz.

»Weißt du noch, wie Jordan für Liebe und Schutz und Gunst gebetet hat? Weißt du noch, wie er

Gott gebeten hat, die Augen und Ohren der Leute zu verschließen, die uns schaden wollen?«

»Oder die Augen und Ohren der Leute zu öffnen, die uns helfen wollen?«, antwortete Caleb.

Libby war immer noch zurückhaltend, wenn es darum ging, über ihren wachsenden Glauben an Gott zu sprechen. Doch sie wusste, dass Caleb wollte, dass sie darüber sprach. *Das gehört zu den Dingen, die ihn einzigartig machen*, dachte Libby.

Doch sie wusste auch etwas anderes. Jedes Mal, wenn sie über ihren neuen Glauben an Jesus sprach, wurde ihr die Tragweite dieses Glaubens stärker bewusst.

»Vielleicht finden wir Radspuren und können Jordan folgen«, meinte Caleb. »Wir sind nicht so schnell wie sie, aber wir wollen versuchen, so nah wie möglich an ihnen dranzubleiben.«

Caleb legte ein flottes Tempo vor, und Libby musste halb gehen und halb rennen, um mit ihm Schritt zu halten. Sie hielten sich nah am Straßenrand, immer bereit, in den Wald zu springen, falls ihnen jemand begegnete.

»Es ist komisch«, sagte Libby. »Jordan hat für seine Familie eine Befreiung um Mitternacht geplant, aber sie mussten am Tag weglaufen. Nun geht es bestimmt auf Mitternacht zu, und wir brauchen eine andere Art Befreiung – eine richtig große.«

Einige Kilometer weiter blieb Caleb plötzlich stehen. Als er sich zu Libby drehte, flüsterte er nur ganz leise: *»Pssst!«*

Nicht weit vor ihnen befand sich der Hausiererwagen, der an den Straßenrand gefahren worden war. Als Caleb in den Wald schlüpfte, folgte Libby ihm. Sie bewegten sich so leise wie möglich vorwärts – beinahe geräuschlos. Als sie näher kamen, wurde es jedoch lärmig. Die kleine Rose schrie wie am Spieß. Hatties Bemühungen, sie zu beruhigen, hatten anscheinend nicht gefruchtet.

Ein Bandit stand hinter dem Wagen und bewachte die Tür, damit niemand fliehen konnte. Ein größerer Mann stand vor dem Wagen und hielt ein Gewehr auf Jordan gerichtet. Libby und Caleb schlichen sich so nah wie möglich an ihn heran. Dann knieten sie sich zwischen Büschen am Straßenrand hin und spähten zwischen den Zweigen hindurch.

Die beiden Banditen stritten miteinander. »Sie gehören nicht dir«, sagte der Mann, der vor Jordan stand. »*Ich* kriege sie!«

Erneut schien die Stimme Libby vertraut. Sie beugte sich vor und versuchte herauszufinden, wer er war, aber sie konnte ihn nicht erkennen.

»Wir sind Partner«, erwiderte der zweite Bandit. »Alles, was wir kriegen, halbieren wir.«

»Diesmal nicht. Dieser Junge gehört mir!«

»Dir?«, schnaubte der Bandit. »Für wen hältst du dich eigentlich, dass du mich rumkommandierst?«

»Ich habe diesen Jungen einen Tag und eine Nacht lang verfolgt, bevor er mir entwischt ist.« Die kratzige Stimme war stahlhart.

Wer auch immer dieser Mann war, Libby hatte ihn nicht oft sprechen gehört. *Einmal?*, fragte sie sich. *Zweimal? Wer ist er?*

»Okay«, sagte der Bandit, der hinter dem Wagen stand. »Du kannst den Jungen haben. Aber ich krieg den Rest. Ich nehme sie in den Süden und bekomm ein schönes Sümmchen für sie.«

»Nein!« Der größere Bandit wandte sich dem anderen Banditen zu. »Sie gehören *alle* mir – mir. Ich teile keine Belohnung mit dir.«

Dieses seltsame Kratzen in seiner Stimme. Libby versuchte sich zu erinnern. *Der Mann, der zur »Christina« geschwommen war. Er sagte, sein Name sei Charlie – Charlie Swenson. Ich habe mich gefragt, ob er Schnupfen hatte.*

Erneut durchsuchte sie ihr Gedächtnis, diesmal nach einer harten Stimme. *Der Mann, den Jordan aus dem Wasser zog. Der Mann, der ihm einen Blick zuwarf und sagte: »Was? Du?«*

Libby fröstelte. »Es ist der Häftling«, flüsterte sie Caleb zu. »Sam McGrady!«

Nun stand jener äußerst gefährliche Mann mit einer Waffe vor Jordan. Mit wachsendem Schrecken erinnerte sich Libby daran, wie Caleb Jordan gewarnt hatte. *»Zu deiner Familie zurückzugehen, könnte dich das Leben kosten.«*

Gunst, Gott, betete Libby lautlos. *Weißt du noch? Jordan hat dich um deine Gunst gebeten.*

Genau in diesem Augenblick unterbrach Jordans Stimme den Streit zwischen den Banditen. »Es mir nicht gefällt, wie ihr sprecht«, sagte Jordan. »Ihr habt kein Recht nich' auf mich. Habt kein Recht nich' auf meine Familie.«

»Wer spricht schon von Rechten?«, erwiderte McGrady. »Ich werde die Belohnung auf deinen Kopf einstreichen!«

»Nein«, entgegnete Jordan. »Du 'n ausgebrochener Häftling bist.«

»Niemand wird Fragen stellen«, erwiderte McGrady. »Ich werde dich einfach hinbringen und sagen: ›Hier ist der Sklavenjunge, den Sie suchen.‹ Und ich werde viel Geld machen.«

»Es gibt nich' genug Geld, um zu kaufen 'n Menschenleben«, sagte Jordan.

Sam McGradys Lachen erfüllte die Nachtluft. Doch Jordan wandte den Blick nicht von ihm ab.

»Hab dein Leben ich gerettet«, erklärte er.

»Ha!«, spottete Sam. »Ich bin keinem Sklavenjungen nix schuldig!«

»Als du gefallen bist in Fluss, du nur eine Chance hattest.« Jordans Stimme war kräftig und ruhig. »Wenn ich nich' schnell gepackt hätte dich, du jetzt tot wärst!«

»Wovon spricht der, Sam?«, fragte der Bandit, der hinter dem Wagen stand.

McGrady zuckte mit den Schultern. »Nur ein kleiner Ausrutscher, der mir auf dem Weg hierher passiert ist.«

»Ich davon spreche, was Recht ist.« Sogar in der Dunkelheit sah Libby, wie Jordan stolz den Kopf hob.

»Was ist *Recht*?«, fragte Sam. »Ich bin zurück bei meinen Freunden, aber du bist ein Sklavenjunge. Vergiss das bloß nicht!«

»Ja, vergess ich etwas bestimmt nich'.« Jordan betonte jedes Wort. »Hab mein Leben ich gesetzt aufs Spiel für dich. Kann niemand bringen ein größeres Opfer. Nun *ich* Hilfe brauch! Und was *du* tust nun?«

Gefährliche Überquerung

In der darauf folgenden Stille gab nicht einmal die kleine Rose einen Laut von sich. Schließlich ergriff Sam McGrady das Wort. »Der Junge hat mich aus dem Fluss gezogen. Aus dem schmalen Streifen Wasser zwischen dem Schiff und dem Ufer.«

»Du Idiot!«, rief der andere Bandit aus. »Du hast nur einen kleinen Ausrutscher gemacht und wirst jetzt all dieses Geld weggeben?«

»Ich trug schwere nasse Kleider«, sagte Sam. »Das Wasser war kalt.«

»Er ist ein Sklavenjunge! Du bist ihm gar nichts schuldig!«

»Ich hatte nur eine Chance herauszukommen. Es hatte mir den Atem verschlagen.«

»Hey, Sam, ich sag dir was: Er ist nur ein unbedeutender Sklavenjunge.«

»Ich war schwer, aber er war wirklich stark. Er hat mich auf die Anlegeplanke raufgehievt.«

»Du bist ihm nix schuldig! Ich sag's dir, Sam: Du bist ihm nix schuldig!«

»Doch.« Das Kratzen war immer noch in McGradys Stimme, aber sie klang weniger hart. »Der Junge hat recht.«

»Weißt du eigentlich, was du da weggibst? Eine Zweihundert-Dollar-Belohnung!«

»Ich wäre tot«, erwiderte McGrady.

»So viel Geld – einfach wegschmeißen? Nun, ich bin nicht so blöd! Die anderen gehören mir. Ich nehme die

Frau und die Kinder. Und ich verkauf sie dem höchsten Bieter, den ich finde!«

»Nein!« Jordans Worte kamen wie aus der Pistole geschossen. »Ich erwarte, dass ihr meine Leute freilasst.«

Als die Stille sich dahinzog, brach McGrady sie schließlich. »Seine Familie geht mit ihm«, bestimmte er.

Ohne McGrady aus den Augen zu lassen, rief Jordan in den Wagen: »Komm runter, Mamma!«

Schnell kletterte Jordans Familie hinten aus dem Wagen. Serena. Zack. Hattie. Dann, mithilfe ihrer Mutter, Rose. Als sie hinter dem Wagen standen, stiegen die zwei Banditen auf den Vordersitz. McGrady nahm die Zügel in die Hand.

Jordan blickte ihm ins Gesicht. »Eine Frage noch: Dein Leben dir was wert ist?«

»Ja.« McGradys Stimme war verärgert, aber leise, als wollte er nicht, dass der andere Bandit es hörte.

»Dann ich will, dass ihr macht noch was«, verlangte Jordan. »Wenn ihr kommt über Grenze, lasst Pferde und Wagen stehen an einem Ort, wo ehrliche Leute ihn können finden.«

Statt zu antworten, schlug Sam McGrady mit den Zügeln.

Als sich der Hausiererwagen entfernte, schlüpften Jordan und seine Familie ins Gebüsch am Straßenrand. Caleb wartete, bis der Wagen außer Sichtweite war, und eilte dann über die Straße zu Jordan. Kurz darauf holten Caleb und Libby die Familie ein.

Caleb klopfte Jordan auf die Schulter. »Sie sind weg!«, sagte Caleb. »Aber ich frage mich, ob Sam McGrady seine Versprechen hält.«

Jordan schüttelte den Kopf, als hätte auch er seine Zweifel. »Wir kein Risiko eingehen können und vertrauen ihm.«

Caleb stimmte ihm zu. »Sam könnte immer noch die ganze Belohnung für sich allein wollen. Falls ja, wird er den anderen Banditen irgendwie loswerden und uns wieder jagen.«

Allein schon beim Gedanken daran bekam Libby Angst. Doch Jordan wusste, was er tun wollte. Statt der Straße zu folgen, wollte er durch die Wälder gehen, um sich vor allen zu verstecken, die eventuell nach ihnen suchten. Die anderen folgten im Gänsemarsch: Zack und Serena dicht hinter Jordan und seine Mutter mit Rose auf dem Arm als Nächste. Dann kam Libby und ganz hinten Caleb.

Sie gingen ohne Pfad, steile Hügel hinauf und wieder hinunter. Libbys Augen gewöhnten sich langsam an die Dunkelheit, doch die großen Bäume verwirrten sie. Schon bald verlor sie jegliches Orientierungsgefühl. Doch Jordan hielt die Richtung, als wäre er diesen Weg schon tausendmal gegangen.

Libby war je länger, je mehr verwirrt, als sie Jordan beobachtete. Immer wieder blickte Jordan zum Nachthimmel hinauf. Als sie eine kleine Rast einlegten, fragte Libby, woher er den Weg wusste.

»Ich dem Nordstern folg.« Jordan erklärte ihr, welcher Stern das war. »Such den Großen Wagen.« Er zeigte auf dieses Sternbild. Die zwei Sterne auf der rechten Seite des Wagens – auf der dem Griff gegenüberliegenden Seite – zeigten auf den Nordstern.

Als sie weitereilten, dachte Libby an ihre Feinde.

Herr Weaver. Sam McGrady. Und die anderen Banditen vom Fox River. Und dazu kamen alle Sklavenfänger, die möglicherweise von Jordan und seiner Familie erfahren hatten.

Libby zweifelte nicht daran, dass Sklavenfänger an der Grenze zwischen Iowa und Missouri patrouillierten. Mehrmals hatte Caleb ihr gesagt, dass die Grenze von Sklavenfängern beobachtet wurde, die Belohnungen auf flüchtige Sklaven einheimsen wollten.

Immer, wenn er die Wahl hatte, folgte Jordan den steilen, schmalen Tälern oder Schluchten. Libby hoffe, dass die hohen Uferhänge auf beiden Seiten sie vor Blicken verbargen. Ihre Beinmuskeln schmerzten inzwischen, und sie fragte sich, ob sie überhaupt noch einen Schritt gehen konnte. Außerdem schien Jordans Vorhaben unmöglich. Wie konnten er und seine Familie bloß den Weg in die Sicherheit und Freiheit finden?

Dann, wie ein Flüstern des Nachtwinds, erinnerte sich Libby an Gottes Versprechen. »*Wenn ich schwach bin, dann bin ich stark.*«

Libby blickte zu den Sternen hinauf und begann zu beten: »Ich bin schwach, Jesus. Ich bin müde und habe schreckliche Angst. Wenn *ich* mich schon so fühle, wie geht es dann wohl Serena und Zack und der kleinen Rose? Falls sie erwischt werden, verlieren sie ihre Familie – vielleicht sogar ihr Leben.

Und was ist mit Hattie? Sie war die ganze letzte Nacht auf, um für ihre Kinder zu beten! Sie trägt Rose Kilometer für Kilometer! Aber du hast es versprochen, Jesus! Du hast versprochen, uns allen zu helfen. Du hast versprochen, dass du uns stark machst, wenn wir schwach sind. Mach uns stark, Jesus! Mach uns stark!«

Nach einer Weile dachte Libby daran, was Caleb Jordan zugeflüstert hatte. »Was ist in Keosauqua?«, fragte sie.

»Eine Stelle, an der man den Des Moines River überqueren kann. Und ein ›Untergrundbahnhof‹. Ich wollte, dass Jordan davon weiß, falls die Banditen dorthin fahren.«

»Woher kennst du all diese Orte?«, wollte Libby wissen.

»Von Keosauqua habe ich erfahren, weil die Stadt etwas Außergewöhnliches tat. Eine flüchtige Sklavin und ihre Kinder versteckten sich in einem Maisfeld.« Calebs Blick schloss Hattie und ihre Kinder mit ein. »Die Frau hatte die ganze Strecke von einer Plantage im Staat Mississippi zu Fuß zurückgelegt. Obwohl sie in einen freien Staat gekommen war, fürchtete sie sich immer noch vor Sklavenfängern. Sie traute sich nicht, um Hilfe zu bitten, und sie und ihre Kinder waren am Verhungern. Als die Leute von Keosauqua erfuhren, dass sie sich im Feld versteckte, gingen sie zu ihr hin und brachten sie alle in Sicherheit.«

Jordan hatte die Gruppe drei oder vier Stunden lang geführt, als eine Wolke den Mond verdeckte. Libby blickte zum Himmel hinauf und bemerkte weitere Wolken, die dunkler als der Nachthimmel waren. Eine nach der anderen zogen sie vor den Sternen hindurch.

Was wird Jordan tun?, fragte sich Libby, und ihre Angst kehrte zurück. *Wie kann er den Weg nur ohne den Nordstern finden?*

Doch Jordan ließ sich nicht beirren. Hin und wieder lehnte er sich vor, um die Rinde eines Baumes zu betasten. Wenn er Moos am Stamm fand, zeigte dies ihm an, wo Norden war.

Kurz darauf fiel Libby ein Regentropfen auf die Wange. Als Libby und die anderen aus dem Wald herauskamen und auf ein offenes Feld traten, spürte Libby noch mehr Regentropfen auf ihre Arme fallen. Ein Tropfen folgte dem anderen. Der Regen, der letzte Nacht gedroht hatte, war nun da. Obwohl Libby keine Blitze sah, hörte sie in der Ferne Donnergrollen.

Zuerst war der Regen sanft und fühlte sich nach der Wärme des Tages gut an. Dann verwandelte sich der sanfte Regen in leichte Nadelstiche. Kurz darauf peitschte der Wind Libby den Regen ins Gesicht, bis es schmerzte.

Libby wurde wütend. Je stärker es regnete, desto ärgerlicher wurde sie. Schließlich schrie sie zu Gott: »Jordan hat darum gebeten, dass du uns beschützt! Wo ist nun dein Schutz?«

Hattie hielt sich Rose an die Brust und kreuzte die Arme über ihr, um den Kopf des Kindes zu schützen. Zack klammerte sich an Jordans Hand und musste drei Schritte machen, während Jordan zwei machte. Von allen Seiten kam das Geräusch von fließendem Wasser. Bächlein wurden zu Sturzbächen, und an den steilen Hängen bildeten sich neue Rinnsale.

Libby nahm Serena an die Hand, beugte den Kopf gegen den Wind, kniff die Augen gegen den Regen zusammen und marschierte weiter. Hier im offenen Gelände prasselte der Regen schräg von vorne auf sie herab, doch Jordan hielt nicht an. Als ginge er hier jeden Tag entlang, verlangsamte er seine Schritte nie. Doch Jordan hatte keinen Pfad, keine Spur, keine Straße. Er wusste einfach, wohin.

Dann, so plötzlich, wie er gekommen war, hörte der Regen wieder auf. Als Libby um sich blickte, sah sie Wasser an den Seiten von Serenas Gesicht herunterfließen. Ihr dünnes Sackkleid hing ihr um die Knie, und sie zitterte vor Kälte. Doch auf nackten Füßen folgte sie ihrem Bruder mit sicheren, kräftigen Schritten.

Als die Dunkelheit der Nacht dem grauen Licht der Morgendämmerung wich, blieb Jordan auf einer Anhöhe stehen. Er hob die Arme und Hände zum Himmel. »Danke, Herr!«

Seine ruhige Stimme schien die Erde zu erfüllen. »Halleluja!«

Erst dann verstand Libby, was geschehen war. Erst dann dachte sie daran, dass der Regen ihre Spuren ausgelöscht hatte. Niemand musste ihr mehr erklären: »Jener Regenguss hat die Fährte für alle Bluthunde, die uns verfolgen könnten, weggewaschen.« Niemand musste ihr mehr erklären: »Du bist noch nicht in Sicherheit, aber im Augenblick können die Bluthunde Jordans Familie nicht verfolgen.«

Bald nachdem alle wieder weitergegangen waren, kamen sie erneut in dicht bewaldetes Gebiet. Dort begann Jordan einen Ort zu suchen, an dem sie während des Tages ausruhen konnten. Am Fuß einer versteckten Schlucht fand Jordan eine geeignete Stelle. »Holt Äste«, befahl er ihnen allen.

Gemeinsam beeilten sie sich, kleine Äste zu sammeln, die der Sturm von den Bäumen heruntergeweht hatte. In einer Mulde zwischen zwei Bäumen legten Jordan und Caleb die Äste so hin, dass es aussah, als wären sie einfach heruntergefallen. Bald boten die Äste und Blätter einen Unterstand, der groß genug war, damit sich die Familie verstecken konnte.

Während Libby auf einer Seite Wache hielt, stand Caleb auf der anderen Seite, um Wache zu halten. Auf Händen und Knien kroch Jordans Mutter ins Versteck. Mit der kleinen Rose in ihren Armen geborgen, legte Hattie sich hin, um sich auszuruhen. Serena, Zack und Jordan krochen zu ihr. Bald darauf schliefen alle.

»Esst jetzt etwas«, sagte Caleb zu Libby und den anderen am späten Nachmittag. »Wir sind ganz in der Nähe der Grenze. Genau hier bildet der Des Moines River eine Trennlinie zwischen Iowa und Missouri. Wir müssen eine Fähre erwischen, wenn sie das letzte Mal vor Einbruch der Dunkelheit übersetzt.«

Und was ist, wenn wir es nicht schaffen?, fragte sich Libby. Sie hatte Angst beim Gedanken daran.

Aber Serena war aufgeregt. »Wir ins verheiß'ne Land gehn?«, fragte sie.

»Iowa is' 'n freier Staat«, erklärte Jordan ihr. »Aber seid ihr noch nicht in Sicherheit dort.«

Hattie sah erleichtert darüber aus, dass sie so weit gekommen waren, doch Libby war sich sicher, dass sie die Gefahren, die vor ihnen lagen, ebenfalls kannte. Sowohl Jordan als auch Caleb hatten ihr von den Sklavenfängern erzählt, die das Gebiet an der Grenze durchkämmten, um entlaufene Sklaven zu fangen.

Als sie fertig gegessen hatte, sprach Hattie Libby an: »Ich will danken dir, dass du 'kommen bist in mein Zimmer und mich gewarnt wegen Zack.« Immer, wenn Hattie ihren jüngeren Sohn anschaute, leuchtete ein frohes Licht in ihren Augen. Dann blieb ihr Blick an Libbys Haaren hängen.

»Als ich betete, der Herr hat gewarnt mich wegen dir. Dein Haar echt schön is', Libby, aber wenn wir nicht sind vorsichtig, es wird bringen uns in Schwierigkeiten.«

»Mein Haar fällt auf, nicht wahr?« Libby erinnerte sich an Melanies Zorn. *Falls Herr Weaver vergisst, wie ich aussehe, wird Melanie es ihm sagen.*

»Hast du dabei 'ne Sonnenhaube?«, fragte Hattie.

Als Libby sie aus der Tasche holte, die sie auf ihrem Rücken trug, sagte Jordans Mutter ihr: »Dann ich hab, was brauchst du.« Hattie öffnete die kleine Tasche, die Libby vorhin aufgefallen war.

Libby begann zu kichern. »Ist es Mehl?«, fragte sie. »Davon wird mein Haar fahl und leblos aussehen!«

Hattie lächelte. »Du wirst aussehn harmlos wie 'n kleines Kätzchen.«

Hattie verteilte das Mehl auf Libbys Kopf und rieb es ihr in die Haare. Libby nahm ihre langen Haare auf und weg vom Gesicht und band sie dann in einem Knoten zusammen. Dann steckte Hattie die übrigen Strähnen hinten in Libbys Kragen.

»Du voll Mehl wirst sein, Kind«, warnte Hattie, als Libby ihre Haube aufsetzte. »Aber wenn wir lassen dein Haar offen, das Mehl vielleicht fällt raus.«

Als sie weitergingen, blickte Jordan immer wieder zum Himmel. Langsam, aber sicher neigte sich die Sonne im Westen, und Jordan beschleunigte seine Schritte.

»Was ist, wenn wir nicht rechtzeitig bei der Fähre sind?«, fragte Libby Caleb, während sie Jordan nacheilten.

»Wir müssten bis zum Morgen warten.« Offensichtlich gefiel Caleb diese Vorstellung ganz und gar nicht. »Das Schlimmste wäre, dass wir den Fluss bei Tageslicht überqueren müssten.«

Libby schaute sich um. Hier mitten im Wald würde es bald völlig dunkel werden. Seitdem sie von der Farm weggelaufen waren, hatte der Wald Jordans Familie Schutz geboten. Aber genau dieselben Hügel und Wälder boten Banditen unzählige Verstecke.

»Es ist ein schlechter Ort«, sagte Caleb, als hörte er Libbys Gedanken. »Die Banditen vom Fox River haben sieben Überquerungsstellen auf dem Des Moines River und vier auf dem Mississippi. Wenn sie in Missouri ein Verbrechen begehen, benutzen sie diese Stellen, um nach Iowa oder Illinois zu entkommen. Die Wahrscheinlichkeit ist hoch, dass wir hier irgendwo einen Dieb antreffen.«

»Oder dass er *uns* antrifft.« Libby graute beim Gedanken daran. »Kein Wunder, dass es schwierig war, Sam McGrady auf dem Hinweg loszuwerden. Er wollte wahrscheinlich an einen Ort, der nicht weit von eurem Ziel entfernt war.«

»Und ich wette, dass er diese Gegend wie seine Hosentasche kennt«, sagte Caleb.

Als sie an den Waldrand kamen, sah Jordans Familie den Des Moines River zum ersten Mal. Serena und Zack blickten mit aufgeregten Gesichtern über den Fluss.

Doch Caleb und Jordan blickten besorgt. Den Fluss hinauf und hinunter, so weit Libby sehen konnte, war keine Fähre zu sehen.

»In welche Richtung wir gehn?«, flüsterte Jordan.

Caleb schüttelte den Kopf. Sie waren beim Fluss herausgekommen, jedoch an einer anderen Stelle als geplant. Noch vom Wald aus starrte Caleb das braune, tiefe Wasser an. Normalerweise war er ruhig, doch jetzt schien er jeden Augenblick nervöser zu werden.

»Du gehst in eine Richtung und ich in die andere«, flüsterte er Jordan zu. Wer auch immer die Fähre fand, würde wie eine Eule rufen.

Das Risiko, erwischt zu werden, wird mit jeder Sekunde, die wir hier stehen bleiben, größer, dachte Libby.

Auf der Suche nach einem Versteck führte Hattie ihre Familie weiter in den Wald zurück. Libby folgte ihnen, doch als sich die Minuten dahinzogen, schlich sie zum Fluss zurück, von wo aus sie die Sonne sehen konnte, die gerade dabei war, hinter den Bäumen im Westen zu verschwinden. Mit wachsender Sorge beobachtete Libby, wie das Licht tiefer und tiefer sank.

Dann rief eine Eule von flussaufwärts. Von flussabwärts antwortete Caleb mit einem anderen Eulenruf.

Wir schaffen es!, dachte Libby, als sie in die Richtung schaute, in die Jordan gegangen war. Falls seine Familie auf dem flachen, steinigen Boden in Flussnähe bliebe, käme sie schneller vorwärts als im Wald. Doch genau in dem Augenblick, als Libby kurz flussabwärts blickte, ritt ein Mann auf einem Pferd aus dem Wald.

Wieder voller Angst trat Libby hinter einen Baum, um ihn zu beobachten. Der Mann blickte auf das Wasser, als fragte er sich, wo er es am besten überqueren konnte. Doch Libby durfte keine Zeit verlieren. Indem sie Zweige vermied, die knacken und zerbrechen würden, eilte sie tiefer in den Wald hinein.

Kurz darauf traf Libby Jordans Mutter. Sie hatte den Eulenruf ebenfalls gehört und wusste, was er bedeutete. Als Hattie ihre Familie flussaufwärts führte, folgte Libby ihnen. Immer wieder blickte sie über die Schulter zurück.

Während sie weitereilten, verschwand das Licht, und im Wald wurde es dunkel. Bald würde ihnen nicht einmal mehr die graue Dämmerung helfen, die auf den Sonnenuntergang folgte. Doch gerade in dem Augenblick, als Libby aufgeben wollte, stieß Jordan auf sie.

»Wo is' Caleb?«, flüsterte er.

Libby erklärte, dass sie einen Mann zwischen ihnen und Caleb gesehen hatte. »Du gehst am besten weiter«, sagte sie.

»Ich Caleb soll hierlassen?«

»Das würde er wollen«, versicherte Libby. »Wenn du es nicht tust, setzt du alles aufs Spiel, was du bisher erreicht hast.«

Doch Jordan zögerte immer noch weiterzugehen.

»Vielleicht holt er uns ein«, meinte Libby.

Jordan drehte sich um und ging wieder flussaufwärts, dicht gefolgt von seiner Familie. Im letzten grauen Licht kamen sie bei der Fähre an. Der Besitzer löste bereits eines der Seile.

Während die anderen am Waldrand stehen blieben, rannte Libby nach vorn. »Sieben Passagiere«, sagte sie.

Als der Mann den Preis nannte, griff Libby tief in die Tasche, die sie trug. Plötzlich wurde ihr klar, dass sie kein Geld bei sich hatte!

Libby kramte in der Tasche herum auf der Suche nach etwas, was sie verkaufen konnte. Zeichnungen? Nein. Sie hatte keine mehr. Da – Frau Weavers Armband! Libby hielt es hoch.

Doch der Besitzer der Fähre schüttelte den Kopf. »So 'n Zeug kann ich nicht brauchen. Ich muss eine Familie ernähren.« Er wandte Libby den Rücken zu und ging zum anderen Pfosten hinüber, um das zweite Seil zu lösen.

Libby blickte zum Wald mit den Handflächen nach oben, als fragte sie, was sie tun sollte. Da trat Jordan hervor, gefolgt von seiner Familie. Als sie auf die Fähre eilten, nahm Jordan eine Münze aus der Tasche. Der Mann starrte ihm ins Gesicht, biss in die Münze und nickte dann.

»Ich auch für mein' Freund zahl«, sagte Jordan.

»Es ist genug«, antwortete der Mann.

Genau in diesem Augenblick rannte Caleb aus dem Wald. Als er auf die Fähre sprang, legte der Besitzer ab. Sie waren bereits halb über den Fluss, bevor Caleb wieder zu Atem kam.

Als die Dämmerung zur Dunkelheit wurde, starrte Libby Jordan an. »Wo hast du je genug Geld herbekommen, dass du für uns alle bezahlen konntest?«

Jordan richtete sich auf und hatte wieder den stolzen Blick, der Libby an fürstliche Würde erinnerte. »Dein

Papa mich hat für meine Arbeit bezahlt. Als er mir Geld gibt, er sagt: ›Jordan, es ist gut, dass du hilfst. Du das verdient hast.‹«

Jordan wandte sich an seine Mutter. »Ich das Geld gespart hab für mein' Familie.«

Als Libby Tränen in die Augen stiegen, warf sie einen Blick auf Caleb. Zum ersten Mal, seit sie ihn kannte, konnte Caleb seine Gefühle nicht verbergen.

Die Fähre näherte sich dem Iowa-Ufer des Flusses, und Caleb sprach mit leiser Stimme zu Jordan und seiner Familie: »Tut einfach, was ich tue. Und zwar so schnell ihr könnt.«

Sobald die Fähre das Ufer berührte, war Caleb auf und davon. Wie Schatten in der Nacht folgte Jordans Familie – lautlos lief sie auf nackten Füßen. Einen Augenblick nachdem sie ein Versteck gefunden hatten, hörte Libby Geräusche aus der Richtung des Flusses.

Sie und die anderen duckten sich so tief wie möglich und warteten. Sie spähten zwischen den Ästen hindurch. Auf der anderen Seite des Flusses schwangen Laternen hin und her. Dann bewegten sich die Laternen zur Anlegestelle, an der sie die Fähre genommen hatten.

Aus ihrem Versteck heraus hörte Libby das Heulen von Bluthunden. *Herr Weaver hat also erraten, wohin wir gehen würden, auch wenn seine Hunde uns nicht aufspüren konnten.*

Halb heulend, halb bellend erfüllten die jaulenden Hunde die Nacht mit Angst. Libby zitterte, als sie in der Dunkelheit wartete.

Die Geheimtreppe

Halb stehend, halb gebückt begann Caleb zu rennen. Als er den nahe gelegenen Wald erreichte, waren die anderen dicht hinter ihm.

Eine Zeit lang gingen sie wortlos immer tiefer in den Wald. Sie folgten einem Pfad, das wusste Libby, aber einem nicht markierten Pfad, den die meisten Menschen nicht sehen würden. Caleb war wieder in dem Gebiet, das er von seiner Arbeit bei der »Untergrundbahn« her gut kannte.

Deshalb war Libby auch nicht überrascht, dass sie bald zu einer Scheune gelangten, in der Pferde bereits gezäumt bereitstanden. Niemand sonst war anwesend, doch Caleb war es anscheinend gewohnt, hier zu sein. Als Jordan und seine Familie unter das Heu im hinteren Teil des Wagens krochen, nahm Libby auf dem Vordersitz Platz. Caleb führte die Pferde hinaus und schloss das Tor hinter sich.

Sobald Caleb neben Libby saß, schlug er mit den Zügeln, und die Pferde verfielen in einen gleichmäßigen Trab. Sie waren erst einige Kilometer weit gekommen, als eine Männergruppe aus dem Wald auf die Straße ritt.

»Wir suchen entlaufene Sklaven«, sagte einer von ihnen. »Es wurde uns gesagt, wir sollten nach einem Mädchen mit roten Haaren Ausschau halten.«

Mit argwöhnischem Blick hielt ein Mann eine Laterne in Libbys Richtung. Das Licht fiel auf ihr Gesicht.

Als ihre Hände zu zittern begannen, ballte Libby sie zu Fäusten. Sie hielt ihre Hände auf dem Schoß und zwang sich zu einem Lächeln. »Um sicherzugehen, wollen Sie bestimmt einen Blick auf meine Haare werfen«, sagte sie.

Libby gab sich große Mühe, dass ihre Finger nicht zitterten, als sie die Bänder ihrer Haube löste. Vorsichtig hob sie die Haube und zeigte ihre Haare, die nun eine langweilige und leblose Farbe hatten.

»Sehen Sie?«, fragte Libby mit süßer Stimme.

Im Schein der Laterne starrte der Mann Libbys Haare an und trat dann zurück. »Vielen Dank, Fräulein«, sagte er. »Wir halten die Straßen heute Abend sicher für Sie.«

»Hü!«, rief Caleb, und die Pferde setzten sich wieder in Bewegung. Als er Libby endlich anschaute, sah sie sein Grinsen. Erst jetzt atmete Libby wieder tief ein.

Nach etwa zwanzig Kilometern bogen die Pferde zu einem Bauernhaus ab. Als wüssten sie genau, wohin sie gehen sollten, hielten die Pferde vor den breiten Toren einer Scheune an. Caleb sprang hinunter, um sie zu öffnen.

Drinnen schloss er die Tore wieder. »Alles in Ordnung hier!«, sagte er leise, woraufhin Jordan und Zack unter dem Heu hervorkrochen.

Zusammen machten sich die Jungen schnell an die Arbeit, die Pferde hineinzubringen und abzureiben. Als sie ein neues Gespann einspannten, betrat ein anderer Junge die Scheune.

»Ich lasse sie am gewohnten Ort«, flüsterte Caleb ihm zu.

Sobald Jordan und Zack ihre Plätze unter dem Heu wieder eingenommen hatten, öffnete der Junge das Tor. Sobald das neue Gespann nach draußen gefahren war, schloss sich das Tor auf gut geölten Angeln.

Als sie sich schon ein gutes Stück vom Bauernhaus entfernt hatten, schaute Libby Caleb an. »Ich bin furchtbar froh, dass du es auf die Fähre geschafft hast«, gestand sie.

»Ich auch.« Calebs Grinsen zeigte seine Erleichterung. »Jordan hätte euch durch die Wälder führen können, aber er hätte den ersten ›Bahnhof‹ nicht gekannt. Von dort aus hätte euch jemand mitnehmen können. Aber es wäre vermutlich sehr schwierig geworden, überhaupt so weit zu kommen.«

Libby war sich nicht sicher, wie viele Kilometer sie seit der Fähre zurückgelegt hatten – vierzig, fünfundvierzig oder vielleicht mehr. Sie wusste nur, dass es etwa ein Uhr nachts sein musste, als Caleb sich umdrehte und leise in Richtung des hinteren Teils des Wagens sprach.

»Wir überqueren gleich den Skunk River«, sagte er. »Es gibt hier eine Furt – Steine, die wie eine Straße auf den Flussgrund gelegt wurden. Das Wasser dürfte nicht tiefer als ein Meter sein. Aber falls es doch tiefer sein sollte –«

»Wir sind bereit«, kam Jordans ruhige Stimme.

Bei einer ausgetretenen Stelle am Ufer liefen die Pferde problemlos in den Fluss, als wären sie die Überquerung gewohnt. Schon bald reichte ihnen das Wasser bis zu den Knien und schwappte ihnen dann gegen den Bauch. Auf der anderen Seite des Flusses stapften die Pferde das Ufer hinauf. Als sie wieder auf die Straße gelangten, liefen sie schneller.

»Wir sind bald da, nicht wahr?«, fragte Libby, als sie die Pferde beobachtete. Sie wussten zweifellos, dass Futter und Wasser nicht mehr weit entfernt waren.

Caleb drehte sich um und starrte in die Dunkelheit zurück. »Das gefällt mir nicht«, sagte er. »Ich bin unruhig, wie wenn ich beobachtet werde. Aber das muss verrückt sein. Ich habe niemanden mehr gesehen seit jenen Männern in der Nähe des Des Moines River.«

»Wo sind wir?«, wollte Libby wissen.

»Augusta, Iowa.«

»Könnten die Pferde noch weiterlaufen, falls wir nicht anhalten sollten?«, fragte Libby.

»Im Notfall schon, aber sie brauchen eine Pause«, sagte Caleb. »Und falls jemand hinter uns ist, müssen wir ihn irgendwie loswerden.«

Als die Pferde einen langen steilen Hügel hinaufliefen, blickte Caleb erneut zurück. »Komisch«, meinte er. »Ich kann es mir einfach nicht erklären. Aber ich habe lange genug bei der ›Bahn‹ gearbeitet, um darauf zu achten, wenn ich das Gefühl habe, dass etwas nicht ganz stimmt.«

»Kannst du mir sagen, wohin wir gehen?« Libby wusste, dass »Passagiere« – entlaufene Sklaven – einen »Bahnhof« betreten und wieder verlassen konnten, ohne jemals die Namen der Leute zu kennen, die ihnen halfen.

Nun überraschte Caleb Libby, indem er ihr von Dr. Edwin James erzählte.

»Er ist Entdecker und Wissenschaftler«, sagte Caleb. »Auf einer Expedition nach Colorado mit Major Long entdeckte Dr. James Pflanzen und Bäume, die noch keinen Namen hatten. Er war auch Arzt beim Militär und der erste weiße Mann, der den Pikes Peak bestiegen hatte.«

Als Libby den Stolz in Calebs Stimme heraushörte, erriet sie, dass dieser Mann einer seiner Helden war.

»Und außerdem«, fuhr Caleb fort, »hat Dr. James das Neue Testament in die Sprache der Chippewa übersetzt.«

»Und Dr. James muss ein Mitglied der ›Untergrundbahn‹ sein«, meinte Libby.

»Jepp. Ein bekanntes Mitglied. Darum kann ich dir von ihm erzählen. Vor einigen Jahren wurde er erwischt, als er einen flüchtigen Sklaven namens Dick über den Mississippi bringen wollte. Die Sklavenfänger zwangen Dr. James, nach Burlington zurückzukehren, und Dick kam ins Gefängnis. Der Gerichtssaal war noch nie so voll wie am Tag jenes Prozesses in Burlington. Der Richter stellte das Gesetz über flüchtige Sklaven infrage und sprach Dick frei.«

Caleb grinste vor Vergnügen, als er die Geschichte erzählte. »Die Leute im Gerichtssaal brachen in Jubelrufe aus. Diejenigen, die drinnen keinen Platz gefunden hatten, jubelten mit, bis die ganze Stadt mit einstimmte. Tausend Männer begleiteten Dr. James und Dick zum Fluss hinunter. Dort jubelten sie erneut, als Dick auf seinem Weg in die Freiheit den Fluss überquerte.«

Als ein kleines Gebäude aus Stein in Sicht kam, sprach Caleb schnell. »Diese Kapelle ist auf Dr. James'

Grundstück. Hier hält er jeden Sonntag einen Gottesdienst ab. Ich lasse euch alle hier, während ich ihn suchen gehe. Wenn die Luft rein ist, kommt er euch holen, und ich kümmere mich um die Pferde.«

Sobald sie angehalten hatten, gab Caleb Libby die Zügel und sprang hinunter, um nachzuschauen, ob es in der Kapelle sicher war. Kurz darauf erschien er wieder und sprach leise mit Jordans Familie. Während Caleb Wache hielt, krochen sie unter dem Heu hervor und schlüpften in die Kapelle.

Im Innern des kleinen Gebäudes war es dunkel, aber ein Streifen Mondlicht schien durch ein Fenster. Mit der schlafenden Rose auf dem Arm ließ sich Jordans Mutter auf eine Bank fallen und wiegte ihr Kind hin und her.

Jordan ließ sich auf einer anderen Bank nieder. Er schaute zur Tür und wartete – wachsam und bereit, bei Gefahr sofort zu reagieren. Als Zack und Serena sich neben ihn setzten, wurden Jordans Gesichtszüge weicher.

Bald darauf hörte Libby ein gedämpftes Geräusch außerhalb der Kapelle. Als das Geräusch näher kam, wusste sie, was es war – kleine Steine, die einen steilen Hang herabrollten. Als Jordan auf die Füße sprang, rannte Libby zum Fenster.

Obwohl sie in der Dunkelheit niemanden sehen konnte, hörte Libby das Geräusch erneut. Gedämpft, aber deutlich kam es, als stünde jemand still, um zu horchen, bevor er weiterging.

Als die Schritte erneut anhielten, diesmal direkt vor der Kapelle, trat Jordan hinter die Tür. Gleich darauf öffnete sie sich, und ein Mann trat ein.

Sobald die Tür wieder geschlossen war, drehte sich der Mann zu Jordans dunkler Silhouette. »Ich bin Dr. James«, sagte er, als hätte er erwartet, dass Jordan dort sein würde. »Keine Angst! Caleb hat mich gebeten, euch zu holen.«

Langsam, als wollte er niemanden erschrecken, begab sich Dr. James zum Fenster. Als das Mondlicht auf sein Gesicht fiel, fragte er: »Ist euch irgendjemand gefolgt?«

»Sind Sklavenfänger hinter uns her«, sagte Jordan.

»Und vielleicht ein ausgebrochener Häftling«, fügte Libby hinzu.

»Und Mann, der denkt, wir sein Besitz sind«, ergänzte Hattie.

»Aha«, sagte Dr. James. »Ihr seid offensichtlich beliebt. Dann kommt schnell.«

Dr. James öffnete die Tür, schaute sich um und führte sie dann alle nach draußen. Die Kapelle befand sich am unteren Ende einer bewaldeten Schlucht. Eilends folgten sie Dr. James das schmale Tal zwischen den steilen Hügeln hinauf. Dr. James ging aufrecht vor ihnen her, wie jemand, der das Leben in der Armee gewohnt war.

Nachdem er sie in sein Haus gebracht hatte, bemerkte Libby die schweren Vorhänge, die vor die Fenster gezogen worden waren. Im Wohnzimmer füllte ein riesiger Kamin fast die ganze Wand gegenüber der Tür aus. Da die glühenden Kohlen eine angenehme Wärme verbreiteten, versammelten sich Libby und die anderen darum herum. Im Licht der Lampe sah Libby die Freundlichkeit in den Augen von Dr. James.

Doch er warnte sie: »Ihr dürft nicht so nah bei der

Vordertür bleiben. Seit ich mit einem flüchtigen Sklaven erwischt worden bin, wird mein Haus Tag und Nacht von Sklavenfängern überwacht. Jemand könnte mit einem Durchsuchungsbefehl auftauchen.«

Auf beiden Seiten des Kamins befanden sich Türen eines Wandschranks. Als Dr. James eine von ihnen öffnete, sah er noch wie ein ganz normaler Wandschrank aus. Doch dann zeigte Dr. James Libby den Riegel für eine verborgene Falltür. Die Tür in der Wand führte zu einem Treppenabsatz mit einer Geheimtreppe, die sowohl hinauf- als auch hinunterführte.

»Falls jemand an die Tür kommt, müsst ihr horchen«, sagte Dr. James. »Wenn alles gut geht, könnt ihr gefahrlos auf den Treppen stehen bleiben. Aber wenn das Kind zu schreien beginnt –«

»Was wir dann tun?«, fragte Hattie schnell. Zweifellos erinnerte sie sich daran, wie Rose im Hausiererwagen geschrien hatte.

»Wenn die Sklavenfänger oben nach euch suchen, geht in den Keller. Wenn ihr sie in den Keller gehen hört, schleicht die Treppe hinauf. Seid leise – sogar die Wände können sprechen.«

Dann kam die Haushälterin von Dr. James und brachte Brot und Käse. »Wenn ihr lange genug bleibt, habe ich noch mehr«, ließ sie alle wissen. »Etwas, was euch von innen her aufwärmt. Aber hinterlasst nicht einmal ein Krümelchen im Schrank. Der Schrank ist der erste Ort, wo Sklavenfänger nachschauen.«

Sie aßen immer noch, als Caleb hereinkam. Während er ein Sandwich verschlang, hörten sie draußen Schritte.

»Schnell!« Dr. James schob sie zum Geheimversteck. »Geht zur Treppe und schließt die Falltür!«

Im Wandschrank fingerte Libby ungeschickt am Riegel zur Falltür herum. Caleb nahm eine Kerze und folgte ihr. Er griff nach vorne und drückte auf den Riegel, woraufhin sich die Falltür öffnete. Jordan folgte Caleb, und Hattie schob Serena und Zack zu ihm.

Libby stieg die Geheimtreppe hinauf. Dabei warf sie einen Blick ins Wohnzimmer zurück. Die kleine Rose stand neben dem Fenster. Erschrocken rannte ihre Mutter auf sie zu, konnte jedoch nicht mehr verhindern, dass das kleine Mädchen den schweren Vorhang beiseiteschob, um hinauszuschauen.

Genau in diesem Augenblick klopfte jemand laut an die Vordertür. Libby stockte der Atem.

»Kommt schnell«, drängte Caleb, doch Libby beobachtete Rose.

Hattie nahm ihr Kind auf und hetzte zum Wandschrank. Als Dr. James die Tür hinter ihnen schloss, streckte Jordan die Arme nach seiner kleinen Schwester aus. »Folgt Caleb«, befahl er Serena und Zack, und die beiden schlichen an ihm vorbei.

»Schnell!«, flüsterte Jordan seiner Mutter zu. Er zog sie auf den Treppenabsatz und schloss die Falltür, die zum Schrank führte.

Als der Riegel einschnappte, flüchtete Libby die Treppe hinauf. Durch die Wände hörte sie das laute Klopfen an der Außentür. Langsame Schritte waren auf dem Holzboden zu hören, als ob Dr. James ihnen so viel Zeit wie möglich geben wollte.

Libby erinnerte sich an die Warnung von Dr. James,

dass sie leise sein sollten, und blieb auf dem Treppenabsatz des ersten Stocks stehen. Hinter ihr warteten die anderen. Als Caleb die Kerze hochhielt, sah Libby die Steinwand des Kamins auf der einen Seite der Geheimtreppe. Auf der gegenüberliegenden Seite war die Wand aus Holz; sie hatte Öffnungen, die in andere Teile des Hauses führten. Im Kerzenlicht fiel Libbys Schatten auf die Wand.

Libby ergriff das Geländer und stieg auf Zehenspitzen eine weitere Stufe hinauf, dann noch eine. Immer wenn sie sich bewegte, bewegte sich der Schatten mit ihr. Als Caleb und die anderen Libby nach oben folgten, tanzten ihre Schatten unruhig im Kerzenlicht.

Von unten hörte Libby Stimmen. Sie lauschte und versuchte herauszufinden, wie viele Männer hier waren. »Wir sind hinter entlaufenen Sklaven her«, sagte einer der Männer.

»Sie werden keine Sklaven in diesem Haus finden«, erwiderte Dr. James, und Libby wusste, dass er wie die Quäker sowohl der Ehrlichkeit verpflichtet war als auch für die Freiheit jedes Einzelnen kämpfte.

»Wir werden uns umsehen«, antwortete ein zweiter Mann.

»Nicht ohne Durchsuchungsbefehl.« Die Stimme von Dr. James war fest.

»Hier ist Ihr Durchsuchungsbefehl.« Das war die dritte Stimme.

Libby wartete und wagte kaum zu atmen. Als sie nichts hörte, wusste sie, dass Dr. James das Papier durchlas.

In diesem Augenblick wimmerte die kleine Rose.

»Pssst, meine Kleine«, flüsterte ihre Mutter. Aber Rose blickte zu den tanzenden Schatten auf und wimmerte erneut.

»Bewegt euch!«, flüsterte Jordan, und Libby stieg weiter nach oben.

Auf leisen Sohlen gelangte sie zum Treppenabsatz vor dem Dachboden. Als sie zurückblickte, sah sie Caleb, Serena, Zack und Jordan die Treppe herauffliehen. Zuletzt kam Hattie, die den Kopf von Rose gegen ihre Brust drückte. Doch beim Treppenabsatz des ersten Stocks begann Rose zu heulen.

Völlig nervös fingerte Libby am Riegel zur Dachbodentür herum, bis sie ihn schließlich öffnen konnte. Inzwischen schluchzte Rose herzzerreißend.

Sobald Libby die Falltür geöffnet hatte, trat sie in einen Wandschrank. Dort öffnete sie eine weitere Tür, die zu einem großen Raum auf dem Dachboden führte.

Caleb hielt immer noch die Kerze und leuchtete den anderen den Weg. Auf dem Dachboden war ein Fenster offen, und der Luftstrom erwischte die Flamme. Als Caleb Libby die Kerze überreichte, hielt sie schützend die Hand um diese.

Genau in diesem Augenblick betrat Hattie den Raum. Sie wiegte Rose hin und her und sang leise für sie. Für eine kurze Zeit war das kleine Mädchen still.

Libby versuchte sich zurechtzufinden. *Die Haupttreppe. Wo ist sie?*

Dann erkannte sie es anhand der Geräusche – denn jemand kam herauf, zweifellos zwei Stufen auf einmal nehmend.

Libby rannte zum Schrank und zur Geheimtreppe. Serena, Zack und dann Hattie folgten. Caleb blieb noch zurück, um Jordan zu helfen, die Tür zu schließen.

In diesem Augenblick spürte Libby einen Luftzug die Treppe herunterkommen. Die Kerze flackerte, und im nächsten Augenblick war es dunkel.

Verraten?

Augenblicklich begann Rose zu kreischen. Dicht hinter Libby sog Serena hörbar die Luft ein. Libby tastete nach Serenas Hand und hielt sie fest.

»Halt dich fest«, flüsterte Libby Serena zu und ging dann die Treppe hinunter. Mit der anderen Hand am Geländer ertastete sich Libby so schnell wie möglich ihren Weg in der Dunkelheit.

Hinter Libby verursachten Serenas nackte Füße kein Geräusch. Zack folgte Serena, ebenfalls geräuschlos. Hinter sich hörte Libby nur ab und zu eine leise Bewegung.

Als Libby den zweiten Treppenabsatz erreichte, hielt sie kurz an. Rose war nun still, jedenfalls im Augenblick. Hinter der Wand neben ihr hörte Libby eine Stimme. So klar, als wäre der Mann mit ihnen gemeinsam auf der Treppe, sprach er mit kratzender Stimme.

»Niemand hier«, sagte er.

Der ausgebrochene Häftling, Sam McGrady!

Als sie ihn hörte, wurde Libby übel. *Du bist also zurückgekommen und hast uns gefunden. Jordan hat dir das Leben gerettet, doch du hast ihn verraten!*

Kurz darauf stapften schwere Schritte davon. Libby traute sich kaum zu atmen, als sie Tritte auf der Haupttreppe hörte. Dann entfernten sich die Schritte noch weiter. Es klang so, als gingen die Männer in den Keller hinunter.

Eine Zeit lang hörte Libby Stimmengemurmel in der Ferne. Dann kamen die Männer wieder näher. Wer auch immer sie waren, sie waren wütend.

Bald darauf ertönten ihre Stimmen vom Wohnzimmer her. »Wir werden mit mehr Männern zurückkommen«, drohte einer von ihnen. »Und jemand wird Sie ununterbrochen bewachen, bis sie da sind.«

Als die Außentür ins Schloss fiel, hallte das laute Geräusch im geheimen Treppengang wider.

Obwohl Libby glaubte, dass alle weg waren, wagte sie es nicht, sich zu rühren. Schließlich öffnete Dr. James die Falltür im Erdgeschoss und rief sie.

»Geht die Treppe zum Keller hinunter«, sagte er. »Wir geben euch dort mehr zu essen.«

Im Keller ließ Hattie sich auf einen Stuhl fallen. Als hätten ihre Bemühungen, Rose zu beruhigen, sie erschöpft, wiegte sie sich vor und zurück. Doch eine Träne lief Hattie die Wange hinunter.

»'tschuldigung«, sagte sie zu Dr. James, als er den Raum betrat. »Ich hab 'bracht euch in Gefahr.«

»Wir können nicht erwarten, dass ein Kind nicht schreit«, antwortete er. Erneut hörte Libby die Freundlichkeit aus seiner Stimme heraus.

Als die Haushälterin Schüsseln mit Suppe brachte, blickte Libby überrascht auf.

»Ich kann auch dann kochen, wenn das Haus durchsucht wird«, erklärte die Haushälterin. »Ich lasse einfach die Suppe im Topf auf kleiner Flamme köcheln.«

»Im Augenblick seid ihr in Sicherheit«, beruhigte Dr. James alle, als er sie zum Essen aufforderte. »Aber sie werden zweifellos mit mehr Männern zurückkehren – mit so vielen Männern, dass es unmöglich sein wird, irgendwelche Geräusche zu verheimlichen.«

»Gibt es eine Zeit, in der Sie nicht beobachtet werden?« Caleb stand neben einem Kellerfenster. Durch den schmalen Spalt zwischen dem Fenster und dem schweren Vorhang blickte er hinaus.

»Es gibt nur eine Zeit, in der sie in ihrer Wachsamkeit etwas nachlassen«, sagte Dr. James.

»Bei Tagesanbruch?«, fragte Caleb.

Dr. James nickte. »Sie wachen die ganze Nacht, weil sie denken, dass wir die Stunden der Dunkelheit nutzen werden. Ja, Tagesanbruch ist die hoffnungsvollste Zeit.«

»Dann wir dann gehn«, entschied Jordan.

Dr. James lächelte. »Eure Zeit ist schon bald gekommen.«

Caleb entfernte sich vom Fenster und setzte sich mit Jordan und Dr. James zusammen. Als sie begannen, Pläne zu schmieden, gesellte sich Libby zu ihnen.

»Mit einer Sache haben wir nicht gerechnet«, sagte sie. »Als wir auf der Geheimtreppe waren, hörte ich genau neben mir eine Stimme. Es war der ausgebrochene Häftling – Sam McGrady!«

»Deshalb war mir nicht wohl, als wir den Skunk River überquerten!«, rief Caleb aus. »Sahen die anderen Männer wie Sklavenfänger aus?«, fragte er Dr. James.

»Zwei von ihnen. Der dritte Mann war gut gekleidet. Und der vierte Mann – der mit der kratzigen Stimme – hatte sehr kurze Haare.«

Jordan stöhnte. »Das wirklich der Häftling is'. Ich gehofft hab, dass er hat sich verändert!«

»Weißt du noch, was du sagtest?«, fragte Libby Caleb. »Dass es schwieriger ist, sich vor einem Dieb zu verstecken als vor sonst jemandem?«

Libby konnte nicht mehr länger still sitzen und ging

zum Fenster hinüber. Auch sie blickte durch die schmale Öffnung zwischen dem Vorhang und dem Fenster hindurch. Der neue Tag würde bald anbrechen. Verglichen mit dem, was die meisten flüchtigen Sklaven taten, war es genau die falsche Zeit, um weiterzugehen. Doch sie hatten keine andere Wahl.

Libby versuchte ihre Angst beiseitezuschieben. *Jordan hat sich solche Mühe gegeben. Wir sind nur noch etwa elf Kilometer von Burlington und der »Christina« entfernt. Aber wenn der ausgebrochene Häftling nun alles kaputt macht …?*

Schon allein die Möglichkeit, dass dies geschehen könnte, erschreckte Libby bis zu den Zehen hinunter. Dann erinnerte sie sich an etwas. *Zuerst dachte ich, ich könne immer alles tun, was ich mir vornehme. Stattdessen habe ich alles vermasselt. Aber als ich Gott um Hilfe bat, dann wendete sich das Blatt.*

Libby drehte sich um und blickte Jordan an. »Weißt du noch, was du gebetet hast, bevor wir von der *Christina* gegangen sind? Dass Gott die Augen und Ohren jener Leute schließen möge, die uns schaden wollen? Und dass er die Augen und Ohren jener Leute öffnen möge, von denen Er will, dass sie uns helfen?«

Diesmal sprach Libby das Gebet. Mit zitternder Stimme begann sie. Dann, als sie nur noch an Gott dachte und nicht mehr daran, was die anderen denken könnten, wurde ihre Stimme sicher. Als sie das Gebet beendet hatte, stimmten Jordan und Hattie in ihr »Amen« ein.

»Ich habe die Pferde nicht in die Scheune gebracht«, erklärte Caleb, als es Zeit war zu gehen. »Sie sind in einem Unterstand im Wald, etwa einen Kilometer von hier entfernt.«

Als sie gingen, stand Dr. James an der Tür. »Gott begleite euch«, wünschte er Caleb, Jordan und Zack, dann Hattie, Serena, der kleinen Rose und Libby.

»Gott begleite Sie!«, erwiderte Libby, als sie aus der Tür trat. *Von Oma, Papa und nun Dr. James habe ich es nun schon gehört: Gott begleite euch!*

Nacheinander folgten sie Caleb. Im Gänsemarsch, mit Libby als Letzter, überquerten sie den Hof und gingen zum Waldrand. Als Libby zwischen die Bäume schlüpfte, spähte sie an der Seite des Hauses entlang zurück.

Genau in diesem Augenblick erschien ein Mann auf der Hügelkuppe. Als er Libby erblickte, blieb er wie angewurzelt stehen. Ihre Blicke trafen sich wie an jenem Morgen in Prescott. Dann, als Herr Weaver über den Hügel kam, drehte sich der ausgebrochene Häftling auf einmal um und nahm Herrn Weaver mit sich. Im nächsten Augenblick verschwanden beide Männer hinter dem Hügel.

Libby wirbelte herum und begann zu laufen. »Schnell!«, flüsterte sie, als sie die anderen überholte, um zu Jordan zu gelangen. »Schnell!«, ermahnte sie, als die Familie wieder unter das Heu schlüpfte. »Schnell!«, trieb sie Caleb an, als er auf den Sitz sprang.

Erst als sie schon auf der Straße nach Burlington waren, erklärte Libby: »Sam McGrady hat uns gesehen, aber er ist in die andere Richtung gelaufen. Er hat Herrn Weaver mit sich genommen.«

Offensichtlich verwirrt schüttelte Caleb den Kopf. »Das verstehe ich nicht«, meinte er. »Das verstehe ich überhaupt nicht. Warum hat uns McGrady nicht gleich dort angehalten?«

Als sie in Burlington eintrafen, waren die Straßen in der Stille der frühen Morgenstunden immer noch leer. Caleb hielt die Pferde neben der Hintertür einer Kirche an. Libby erschien das Gebäude vertraut, sogar von dieser Seite.

»Die Türen sind immer offen«, informierte Caleb sie. »Warte drinnen. Ich komme gleich.«

Nacheinander schlüpften Jordan und seine Familie unter dem Heu hervor und gingen in die Kirche. Sobald Caleb zurückkehrte, führte er sie durch den Keller. Auf der Vorderseite der Kirche, hinter einer Öffnung im Fundament, befand sich ein Geheimraum.

Als ob Caleb oft hier gewesen wäre, schloss er die Tür hinter Jordans Familie und zündete eine Kerze an. An dieser Kerze entzündete er eine weitere und noch eine, als wollte er feiern.

Hier ist Caleb zu Hause, dachte Libby. In diesem Augenblick wusste sie, wo sie waren. *Die First Congregational Church. Wo Pfarrer Salter predigt.* Libby erinnerte sich von ihrer ersten Reise nach Burlington her an den mutigen Mann.

Das Versteck schien oft genutzt zu werden. An einer Wand standen Wasserkrüge und Schüsseln mit Esswaren. Von einem Stapel ordentlich gefalteter Decken teilte Caleb der Familie Decken aus, damit sie darauf sitzen oder liegen konnten.

Als Libby in die Runde schaute, wollte sie die Hand nach Serena ausstrecken. *Haben wir Zeit, um Freundinnen zu werden?*, fragte sich Libby. Oder würde Serena wie andere flüchtige Sklaven sofort zum nächsten »Bahnhof« weitergehen?

Und Jordan, Zack, Hattie und die kleine Rose? Was wird mit ihnen geschehen?

»Dein Papa ist noch nicht hier«, sagte Caleb zu Libby. »Aber er kommt bald. Beim Einbruch der Dunkelheit werden er und die *Christina* auf uns warten.«

Den Tag verbrachten sie mit Warten. Libby beobachtete, wie Jordan seine Schwestern und seinen Bruder wieder kennenlernte. Hier konnte die kleine Rose Verstecken spielen und über Jordans Spielchen lachen. Hier konnte Serena seine Hand halten. Hier konnte Zack offen zu dem großen Bruder aufschauen, den er bewunderte. Und hier konnte Hattie ihre Familie frei und dankbar betrachten.

Sie sind eine Gib-nie-auf-Familie, dachte Libby. *Sie sind eine Familie, die zusammenhält, auch wenn es schwierig ist.*

Nach vielen Stunden im Versteck hörte Libby mehrere schnelle Klopfschläge an der Tür. Als wäre das Klopfen ein Signal, sprang Caleb auf. Langsam öffnete er die Tür, schaute hinaus und trat dann in den Gang, um mit jemandem zu sprechen.

»Wir können jetzt gehen«, verkündete Caleb, als er zurückkam. »Geht einfach so, als hättet ihr keine Angst – als hättet ihr nichts zu verbergen. Aber tut genau das, was ich tue.«

Nachdem sie durch die Vordertür die Kirche verlassen hatten, führte Caleb sie an. Jordan stand gerade aufgerichtet da und hatte wieder seinen stolzen Gesichtsausdruck. Seine Familie folgte. Sie alle gingen so, als gingen sie diese Straße jeden Tag hinunter. Doch sie blieben im Schatten der Gebäude zu ihrer Rechten.

Zwei oder drei Häuserblocks weiter brachte Caleb sie zum Hawkeye Creek. Gebückt folgten Jordan und seine Familie dem Bach und blieben im Schatten seiner Uferböschung. Geräuschlos gingen ihre nackten Füße auf dem Weg, den schon viele andere flüchtige Sklaven vor ihnen gegangen waren.

Als sie das Flussufer erreichten, führte Caleb sie in den Schatten zwischen zwei kleinen Gebäuden. Dort blieb er stehen, um zu warten und zu beobachten.

Als Libby aus dem Schatten blickte, sah sie das große weiße Dampfschiff, das ihrem Vater gehörte. *Es ist immer noch das schönste Schiff auf dem Mississippi*, dachte Libby. Sie konnte es kaum erwarten, Papa zu sehen. Dort war er! Er stand neben der Anlegeplanke und sah groß und stattlich aus in seiner Kapitäns-Uniform.

Am Kai war es nun ruhig, da die Passagiere entweder an Bord oder an ihrem Reiseziel waren. Das Flussufer war leer – das Frachtgut, das transportiert werden musste, war wohl schon an Bord. Doch Caleb wartete immer noch. Und Libbys Vater stand immer noch neben der Anlegeplanke und blickte stromaufwärts, als entspannte er sich nach einem anstrengenden Tag.

Dann gähnte Papa. Höflich hielt er sich die Hand vor den Mund. Er drehte sich zur Laterne, die an einem Pfosten in der Nähe hing, und blies die Flamme aus.

Als Caleb einen Schritt nach vorne machte, bemerkte Libby eine Bewegung ganz in ihrer Nähe. Im Schatten eines nahe gelegenen Lagergebäudes bewegte sich ein dunklerer Schatten. Libby streckte ihre Hand aus und legte sie warnend auf Calebs Arm. Zusammen gingen sie ein paar Schritte rückwärts und versteckten sich erneut zwischen den kleinen Gebäuden.

Einen Augenblick später trat ein Mann aus dem Schatten neben der Lagerhalle. Er trug das rote Hemd eines Holzarbeiters und erschien fremd. Kühn ging er direkt auf die *Christina* zu. Doch dann erkannte Libby ihn.

»Es ist Sam McGrady«, flüsterte sie.

Mit Caleb auf der einen und Jordan auf der anderen Seite schlich Libby nach vorn. Sie blieben in kurzer Entfernung hinter Sam und folgten ihm dann die Anlegeplanke hinauf. Dann holten sie ihn ein.

»Guten Abend, Kapitän«, sagte McGrady, als wäre er ein »Rothemd«, der von einem Stadtbesuch zurückkehrte.

»Guten Abend«, antwortete Kapitän Norstad. »Willkommen an Bord.«

Als Papa hinter dem Mann Libby erblickte, wollte McGrady an ihm vorbeigehen. Doch nun begann Libby zu sprechen.

»Papa, darf ich dir den Häftling aus dem Gefängnis von Stillwater vorstellen? Sam McGrady!«

Als sei Libby nicht ganz bei Trost, starrte Kapitän Norstad sie an. »Libby«, begann er, »weißt du eigentlich, was du da sagst?«

Zu Libbys Überraschung versuchte Sam nicht zu entkommen. Stattdessen blickte er ihrem Vater in die Augen.

»Sie hat recht, Kapitän. Ich bin aus dem Gefängnis des Minnesota-Territoriums ausgebrochen. Ich will zurückgehen.«

»Zurückgehen?« Erneut machte Kapitän Norstad große Augen, doch diesmal starrte er Sam McGrady an.

Doch nun blickte Sam Jordan in die Augen. »Deine Worte haben mich nicht losgelassen.«

»Weil ich sagte, du mir was schuldest?«, fragte Jordan.

»Das, und noch was anderes.«

Sam blickte nun Libby an. »Ich habe gehört, was du an jenem Tag auf dem Deck zu ihr gesagt hast. Du hast ihr gesagt: ›Du kannst nicht vor dir selbst davonlaufen.‹ Es hat eine Weile gedauert, aber jetzt hab ich's erfasst. Es ist viel schwieriger, vor mir selbst davonlaufen zu wollen als vor jemand anderem.«

Erneut blickte Sam Kapitän Norstad ins Gesicht. »Ich habe kein Geld, um die Fahrt den Fluss hinauf zu bezahlen. Falls Sie mich mitnehmen, gehe ich ins Gefängnis zurück. Wenn ich meine Zeit abgesessen habe, kann ich wieder zu meiner Familie zurück.«

»Als ein veränderter Mensch?«, forschte der Kapitän.

»Als ein veränderter Mensch!«, versprach Sam. »Ich werde auf dieser Fahrt keine Kleider stehlen.«

Kapitän Norstad streckte seine Hand aus, und Sam McGrady schlug ein. Dann schaute McGrady Jordan an. »Du hast deine Freiheit erlangt. Und ich gehe, um meine Freiheit zu bekommen.«

Sam McGrady entfernte sich. Jetzt endlich öffnete Papa seine Arme für Libby. Als er sie umfing, wurde ihr ganz warm von der Liebe zu ihrem Vater.

»Willkommen zu Hause, Libby!«, sagte er. »Jedes Mal, wenn du zurückkommst, fühlt es sich besser an.«

»Wir sind eine *Gib-nie-auf-Familie*, nicht wahr?«, meinte Libby. »Wir sind gerne zusammen.«

Papa lächelte, als er zu ihr hinunterschaute. »Ich nehme an, du hast mir ganz viel zu erzählen. Aber ich glaube auch, dass deine Arbeit noch nicht ganz getan ist. Wenn du Zeit hast, warum kommst du dann nicht in meine Kajüte und erklärst mir, wozu ich so viele Decken kaufen muss?«

Als Papa die Treppen hinaufging, schlich Jordan sich davon. Bald nachdem er zwischen den Gebäuden in der Nähe des Ufers verschwunden war, zündete Caleb die Laterne an. Erneut warteten er und Libby. Erneut hielten sie nach Schatten, Bewegungen und versteckten Leuten Ausschau. Doch diesmal standen sie auf dem Deck der *Christina*.

Schließlich hob Caleb das Glas der Laterne hoch und blies die Flamme aus. Als Jordan und seine Familie die Anlegeplanke heraufkamen, hörte Libby kein Geräusch von ihren nackten Füßen. Wortlos führte Jordan sie um die breite Treppe herum in den Frachtraum.

Libby und Caleb gingen in der Zwischenzeit zum Bug des Schiffes und setzten sich, um zu warten. Libby konnte sich gut vorstellen, wie Jordan die Maschine neben der Tür zum Maschinenraum beiseiteschob. Sie stellte sich vor, wie er gerade die Luke öffnete. Wie Serena, Zack, Hattie und die kleine Rose die Leiter hinunterstiegen. Wie Jordan ihnen mit einer Kerze folgte, damit sie das Versteck fanden. Und dann stellte sich Libby vor, wie sich Serena und die kleine Rose auf den weichen Decken hinlegten, um zu schlafen.

Kurz darauf zogen Deckhelfer die Anlegeplanke ein. Als die *Christina* in den Fluss auslief, fühlte sich Libby erleichtert. Immer noch wartete sie mit Caleb.

Als Jordan nicht zurückkam, wusste Libby, dass seine Familie in Sicherheit war. Sie blickte zum Mond hinauf und spürte, wie Dankbarkeit in ihr hochstieg.

»Ist es immer so?«, fragte sie Caleb.

»Es macht immer Angst«, gestand er. »Und es geht oft etwas schief. Aber von allen Aktionen, in denen ich Leuten geholfen habe, war dies die schwierigste.«

»Weil Jordan an einen Ort zurückgehen musste, der nicht weit von seinem ehemaligen Wohnort entfernt war?«

»Ja, teilweise. Aber es kommt noch mehr dazu. Ich wusste, wie viel Jordans Familie ihm bedeutete.«

Weit über ihren Köpfen schien der Mond so hell wie in der letzten Nacht. Die großen Schaufelräder schlugen gegen das Wasser, und am Bug der *Christina* brachen sich die Wellen.

»Libby«, begann Caleb leise. »Letzte Nacht auf der Fähre, als Jordan die Überfahrt für seine Familie bezahlte, sah ich dich weinen.«

»Ich sah dich auch weinen.« Libbys Stimme wurde weich, als sie sich zurückerinnerte.

Er dachte immer noch an Jordan, dem seine Familie so viel bedeutete, und mit Wärme in seiner Stimme sagte er: »Wir tun etwas Wichtiges, nicht wahr?«

Überrascht starrte Libby ihn an. Sie war sich nicht sicher, ob er sie aufzog. Dann bemerkte sie den ernsten Ausdruck in seinen Augen. Sie dachte daran, wie er die Befreiung um Mitternacht erlebt hatte. Caleb zog sie nicht auf.

»Wir tun etwas Wichtiges!«, antwortete Libby. Bis an ihr Lebensende würde sie sich daran erinnern, dass Caleb das Wort *wir* gebraucht hatte.

Danksagung

Wünschst du dir manchmal, einen echten Helden oder eine echte Heldin zum Vorbild zu haben? Jemanden, zu dem du aufschauen und den du respektieren kannst? Eine Person, die du bewundern kannst, nicht nur wegen der Dinge, die sie getan hat, sondern auch wegen dem, wer sie *ist*?

Ich nehme an, dass die meisten von uns sich danach sehnen. Wir bewundern Menschen, denen die Überzeugungen wichtig sind, die wir selbst haben. Wir respektieren Jungen und Mädchen und Männer und Frauen, die am richtigen Ort und zur richtigen Zeit für etwas einstehen, auch wenn es schwierig ist.

Weil es geheim gehalten werden musste, werden wir nie mehr als nur einen kleinen Bruchteil dessen wissen, was die Mitarbeiter der »Untergrundbahn« oder »Underground Railroad« alles geleistet haben. Einer Sache können wir jedoch gewiss sein: Immer wieder arbeiteten flüchtige Sklaven, freie Schwarze und Weiße zusammen, um ein gemeinsames Ziel zu erreichen – keinen einzigen »Passagier« zu verlieren.

Als die Pioniere den Südosten von Iowa in Besitz nahmen, trafen die Bürger zahlreiche Entscheidungen, die die Geschichte von ganz Iowa beeinflussten. Im ersten Roman dieser Reihe, *Flucht in der Nacht*, seid ihr einigen dieser Menschen, die in die Geschichtsbücher eingegangen sind, begegnet – Asa Turner, William Salter, Dekan Trowbridge, den Quäkern von Salem und den Kongregationalisten von Denmark und Burlington.

All diese Menschen haben viel riskiert, um gemäß ihren Überzeugungen zu leben. Dr. Edwin James aus Augusta, Iowa, war ebenfalls ein solcher Mann.

Obwohl er für seine Arbeit als Botaniker international bekannt war, führte Dr. James nach außen hin ein ruhiges Leben. Wenn seine Nachbarn einen Arzt benötigten, half er ihnen, ohne von ihnen eine Bezahlung anzunehmen. Sonntags morgens wurde er zum Prediger. Doch was vielen Leuten in seiner Umgebung nicht bekannt war: Dr. James schrieb Geschichte.

Der Fall des flüchtigen Sklaven namens Dick war einer von drei wichtigen Sklavenprozessen im südöstlichen Iowa. In einer Zeit, in der viele Menschen sich erst noch entscheiden mussten, was sie von Sklaverei hielten, fürchtete sich Dr. James nicht, seinen Überzeugungen Taten folgen zu lassen.

Der dritte Gouverneur von Iowa, James Wilson Grimes, war ebenfalls ein Mann, der für die Freiheit der Sklaven einstand. Als er 1855 seiner Frau von Dicks Prozess in Burlington schrieb, erwähnte er, wie wenig Menschen im Des Moines County sich nur vier Jahre vorher gegen die Sklaverei ausgesprochen hatten. Gemäß Grimes wurden diejenigen, die sich gegen Sklaverei aussprachen, wie Taschendiebe behandelt. Das Gerichtsurteil über Dick und die Unterstützung durch tausend Männer, die dafür sorgten, dass er wohlbehalten weiterreisen konnte, zeigte auf, wie sehr sich die Meinung im Gebiet um Burlington innerhalb kurzer Zeit verändert hatte.

»Nun bin ich Staatsgouverneur«, sagte Grimes, als er über das Gesetz über flüchtige Sklaven schrieb. »Drei

Viertel der gebildeten Leute des Countys vertreten dieselbe Meinung wie ich in Bezug auf das Gesetz, und ein Sklave könnte nicht vom Des Moines County in die Sklaverei zurückgeschickt werden.«

Wegen des Mutes derjenigen, die für ihre Überzeugungen lebten, hatten sich die Meinungen anderer zum Besseren verändert. Diese neu gebildeten Überzeugungen haben Geschichte geschrieben. Doch in vielen Gebieten der USA haben sich Menschen dafür entschieden, ihre Überzeugungen in die Praxis umzusetzen, auch wenn die Menschen um sie herum nicht derselben Meinung waren. Die erfundenen Figuren Jonathan und Dorothy Weaver sind ein Beispiel für die Kinder und Erwachsenen, die mit unterschiedlichen Ansichten in derselben Familie konfrontiert gewesen waren.

Während des Amerikanischen Bürgerkriegs waren die Bevölkerung und auch das Gebiet des Staates Missouri durch die unterschiedlichen Überzeugungen bezüglich Sklaverei gespalten. Am 5. August 1861 fand bei Athens die nördlichste Schlacht des Amerikanischen Bürgerkrieges statt, nur einige Kilometer von den Orten entfernt, die in diesem Buch beschrieben sind. In jener Schlacht wurde der Nordosten von Missouri für die Nordstaaten gewonnen. Doch es kämpften Nachbar gegen Nachbar und Bruder gegen Bruder. So kämpfte zum Beispiel Oberst David Moore, der die Truppen der Nordstaaten anführte, gegen zwei seiner Söhne.

Als der Gouverneur von Iowa, James Wilson Grimes, Senator der Vereinigten Staaten wurde, vertrat er eine weitere unbeliebte Ansicht. Präsident Andrew Johnson war durch eine Anklage wegen Amtsvergehen bedroht, und Senator Grimes entschloss sich, die US-Verfassung zu schützen. Obwohl er zwei Tage zuvor von einem Schlaganfall gelähmt worden war, bestand er darauf, auf einer Bahre in den Senat getragen zu werden. Dank seiner einen Stimme wurde beschlossen, dass ein Präsident der Vereinigten Staaten nicht einfach seines Amtes enthoben werden konnte, weil die allgemeine Stimmung gegen ihn war. Trotz großer persönlicher und politischer Opfer beeinflusste James Wilson Grimes erneut den Lauf der Geschichte.

Wie ihr gelesen habt, bot die schöne Landschaft des Clark County, Missouri, in den 1850er- und 1860er-Jahren wunderbare Verstecke für Banditen. Pferdediebstahl war ein ernstes Problem. David McKee gründete die *Anti-Horse Thief Association* (»Anti-Pferdediebstahlverband«), um das Eigentum und insbesondere die Pferde anderer vor Diebstahl zu schützen. Im Gegensatz zu Gruppierungen, die das Gesetz selbst in die Hand nahmen, arbeitete die *Anti-Horse Thief Association* mit den Strafverfolgungsbehörden zusammen, um Straftäter zur Rechenschaft zu ziehen. Bis 1916 war die Gruppierung auf 50 000 Mitglieder in elf Staaten angewachsen.

Und wie sieht es mit den vielen Ausbrüchen aus dem Gefängnis des Minnesota-Territoriums aus? Etwa eine Woche nachdem Libby, Caleb und Jordan Stillwater besuchten, beschlossen die Gesetzgeber des Minnesota-Territoriums, dass die Gefängniswärter nicht für die Häftlinge verantwortlich waren, falls die Countys, aus denen sie kamen, nicht für ihren Unterhalt aufkamen. In der Folge wurden einige Häftlinge freigelassen.

1858 begann die Umgestaltung des Gefängnisses. Heute gilt die *Minnesota Correctional Facility Stillwater* als Vorbild moderner Justizvollzugsanstalten.

Kapitän Stephen B. Hanks, einem Cousin Abraham Lincolns, wird es zugeschrieben, dass er der erste Steuermann war, der Baumstamm-Flöße mit einem Dampfschiff den Fluss hinunter zu den Mühlen trieb.

Wenn ich an den Schreibprozess dieses Buches denke, bin ich von der Hilfe, die ich von vielen Menschen bekommen habe, überwältigt. Einer von ihnen ist Charles L. Blockson, Kurator der afroamerikanischen Abteilung der Temple University, Philadelphia, und Autor von Büchern wie zum Beispiel *The Underground Railroad*. Danke, Charles! Zu einem entscheidenden Zeitpunkt hast du mir genau die Ermutigung gegeben, die ich benötigte.

Meine Dankbarkeit gilt den Bewohnern von Stillwater, Minnesota, einer meiner langjährigen Lieblingsstädten. Ein Dankeschön an Kay und Bill Hieb sowohl für ihre Bereitschaft, mir Bücher und Forschungsmaterial zur Verfügung zu stellen, als auch dafür, dass sie mir ihre Lieblingsplätze gezeigt haben. Ich danke den Lektoren der *Saint Croix Union*, der Stillwater Public Library und ihren Bibliothekaren, der Washington County Historical Society, besonders dem Warden's House Museum und Arlene Nettekoven und Joan Daniels, dem Historiker und Schriftsteller Brent Peterson mit seinem und Dean Thilgens Buch, *Stillwater: A Photographic History*, sowie den Buchautoren Patricia Condon Johnston *(Stillwater: Minnesota's Birthplace)*, Anita Albrecht Buck *(Steamboats on the Saint Croix)*,

James Taylor Dunn *(The Saint Croix: Midwest Border River)*, Chip Kraft und Nate McGinn. Meine tiefe Dankbarkeit geht an den einstmaligen Bewohner und Fotografen John Runk, der uns allen ein wunderbares Erbe hinterlassen hat.

Ich danke auch meinem neuen Freund, Kyle Raph, ferner Helmar Heckel für das richtige Wort zur rechten Zeit, Joe Hanson, dem begabten Leiter des Northern Kentucky University Elderhostel, außerdem James Glover und Walter Johnson für ihre große Hilfe in Bezug auf Pferde und Wagen sowie den langjährigen Hundeliebhabern Tom Robinson, Präsident des Minnesota Valley Kennel Clubs, und Norma Robinson, Präsidentin des Newfoundland Dog Club of the Greater Twin Cities, Eagan, Minnesota.

In Burlington, Iowa, danke ich Susie Guest, Bibliotheksassistentin an der Burlington Free Public Library, ferner Anna Martin, Historikerin, und dem historischen Gremium der *First Congregational Church* sowie der Zeitung *Burlington Hawk Eye*. Meine Dankbarkeit richtet sich an Gayla

Young, Denmark, Iowa, an Gerald Thele, Weaver, Iowa, an Hazelle und Clay Lanman für ihre Tour durch das Pearson House, Keosauqua, Iowa, sowie an das *Des Moines Register*.

Erneut schulde ich Robert L. Miller, dem Kurator eines historischen Nationaldenkmals, dem Dampfschiff *George M. Verity*, Keokuk River Museum, Keokuk, Iowa, großen Dank. Neben den Museumsressourcen hat Bob auch sein persönliches Wissen geteilt und Teile des Manuskripts gelesen. Für diesen Roman danke ich auch Bobs Frau, Margaret Miller, sowie ihrem Sohn, John Miller.

Das Dorf *Cahoka* in diesem Buch schreibt sich heute *Kahoka*. Ein Dankeschön geht an die Clark County Historical Society, an ihr Kahoka-Museum und an den Vereinspräsidenten, Raymond Morrow, ferner an die Lektoren der unglaublichen Spezialausgabe für die Clark County's Old Settlers 100th Celebration sowie an Linda Brown-Kubisch, Auskunftsbibliothekarin der State Historical Society of Missouri in Columbia, ferner an die Hannibal Public Library und an die Zeitschrift *Hannibal Tri-Weekly Messenger*.

Roberta and Hurley Hagood, Historiker von Hannibal und Autoren solch wunderbarer Bücher wie *The Story of Hannibal*, *Hannibal, Too* und *Hannibal Yesterdays*, haben sich Zeit genommen, die Ergebnisse ihrer Forschungen mit mir zu teilen. Neben Hintergrundinformationen gaben sie mir auch Antworten auf meine unzähligen Fragen und lasen einen Teil des Manuskripts.

Danke euch, Paul und Lucille Herron, dass ihr euer wunderbares Eigenheim aus der Zeit vor dem Amerikanischen Bürgerkrieg mit uns geteilt habt. Eure Inspiration hat mir dabei geholfen, die Geschichte von Jordans Familie und der Familie Weaver zum Leben zu erwecken.

Meine tiefe Dankbarkeit gilt meiner Künstlerin Andrea Jorgenson, die die zehn »Abenteuerwälder«-Romane (»Adventures of the Northwoods«) und dann drei »Abenteuer-Fluss«-Bücher (»Riverboat Adventures«) illustriert hat. Ich danke meinen Lektoren für die erste Ausgabe dieses Buches – Rochelle Glöege,

Natasha Sperling und Janna Anderson – und dem ganzen Team vom Bethany-Verlag.

Danke allen Beteiligten bei Moody Publishers, die etwas dazu beigetragen haben, die neue Ausgabe der »Abenteuer-Fluss«-Reihe (»Freedom Seekers«) herauszubringen: Deborah Keiser, Mitherausgeberin von River North, für ihre starke Begabung und ihr kreatives Planen; Michele Forrider, Audience Development Manager, für die tagtägliche Vermarktung und weil sie den Kontakt zu euch, meinen Lesern, hergestellt hat; Brittany Biggs, meiner gewaltigen Hilfe bei der Kontaktpflege zwischen dem Verlag und mir, Bailey Utecht, dem begabten Redaktionsassistenten, und Pam Pugh, der Hauptprojektleiterin, für ihre Aufsichtsführung, ihr Management und ihre Detailarbeit, die dieses Buch zur Vollendung gebracht haben. Vielen Dank auch der Künstlerin Odessa Sawyer für ihre erstaunliche Kunst, meinen Figuren Leben einzuhauchen.

Drei besondere Personen haben mir geholfen, meine Gedanken für dieses Buch zu entwickeln. Mein Mann Roy hat mich mit seiner Weisheit und seiner Liebe zu Kindern sowie mit seinen täglichen Ermutigungen inspiriert. Unser Sohn Kevin hat dieselbe Liebe zu jungen Leuten geteilt und gelebt. Ron Klug, mein treuer, mutiger, nimmermüder Lektor, hat sich durch die ersten Phasen dieses Buchs gearbeitet, Szenen, die ich vergessen hätte, vorgeschlagen und sichergestellt, dass alles, was ich erzählen wollte, in der Geschichte, die ihr lest, zusammengekommen ist.

Und nun vielen Dank an Oliver Reichl, den begabten Lektor, der dieses Buch und diese Reihe zu euch, die ihr diesen Roman auf Deutsch lest, gebracht hat. Danke für das Vorrecht, mit dir zu arbeiten. Und ich danke auch dir, Franziska Sägesser, einst eine Leserin meiner Bücher und nun die Übersetzerin!

Schließlich an euch alle, die ihr mich ermutigt habt, sowohl als Mensch als auch speziell als Autorin: Danke!

Was geschieht als Nächstes …?

In Galena, Illinois, verabschieden sich Libby Norstad und ihr Freund Caleb vom flüchtigen Sklaven Jordan. Sie hoffen, ihn bald wiedersehen zu können, doch ein Betrüger hat das Geld im Safe der *Christina* durch wertlose Banknoten ersetzt. Kann Libbys Vater, Kapitän Norstad, diesen Schaden wieder ausgleichen? Oder wird er das von allen geliebte Dampfschiff verlieren?

Dann geschehen unheimliche Dinge, als Jordan ein großer Geldbetrag anvertraut wird. Wie können Libby und Caleb ihrem Freund helfen, seinen Namen reinzuwaschen? Und wie kann Jordan seinen Vater finden? Wer wird zuerst zu Micah Parker gelangen – die Sklavenfänger oder Jordan?

Der Abenteuer-Fluss 4

Der Schatz des Betrügers